그림책 질문수업

그림책
학교 8

하브루타를 활용한 대화법으로
문해력을 키우는

그림책 질문수업

이한샘 지음

학교
도서관
저널

여는 글 | 그림책 질문수업으로 행복한 교실 만들기

"선생님! 말이 무거워졌어요."

그림책 질문수업을 하며 아이가 한 말 중 가장 기억에 남는 이야기이다. 그때 나는 아직도 허둥거리는 5년차 초임 교사였다. 과연 내가 수업은 제대로 하고 있는지, 학급 경영과 생활 지도는 잘하고 있는지, 그 어떤 방면에도 확신이 없었다. 이것저것 닥치는 대로 시도하고 있을 뿐이었다.

그림책 질문수업 역시 그 시도의 일환이었다. 의욕을 갖고 석 달 정도 꾸준히 진행했지만, 뚜렷한 가이드 없이 수업 방법을 직접 고안하다 보니 수업이 성공적이었다고 느낀 날은 손에 꼽을 정도로 적었다. 그만 해야겠다 마음먹은 순간, 이 말을 들은 것이다. 이 말을 꺼낸 동혁이는 당시 열 살이었다.

"말이 무거워졌다니, 그게 무슨 뜻이니?"

아이답지 않은 어려운 말에 내가 물었다. 동혁이는 맑은 눈을 굴리며 천천히 대답했다.

"왜, 지난주 질문수업 때 같이 읽은 그림책 『내가 함께 있을게』 말이에요. 제목인 '함께 있겠다'는 말이 제가 평소에 친구에게 하는 '내가 함께 있을게!'라는 얘기와 다르게 무겁게 느껴졌거든요."

그림책 『내가 함께 있을게』(볼프 에를브루흐 글·그림, 김경연 옮김, 웅진주니어, 2007)에는 오리에게 죽음을 예고하는 해골 모습의 죽음이 등장한다. 죽음이 오리에게 전달하는 '내가 함께 있을게.'라는 말의 무게감을 3학년인 동혁이가 인식했다니 놀라웠다. 수업을 하며 이야기와 관련한 물음들을 만들고 친구들과 대화를 하다 보니 동혁이의 노트에는 '죽음은 정말 우리와 같이 있는 걸까?' 같은 메모가 점점 늘어 갔는데 아마 이 때문인 듯했다. 평범하게 여겼던 말에 여러 생각이 담기는 것을 직접 경험한 동혁이는 '말이 무거워졌다.'라고 표현한 것이다.

우리가 쓰고 읽는 수많은 말들이 그저 가볍게 스치지 않고 나름의 생각과 서사를 가지고 아이에게 다가갈 수 있다면, 그 과정이야말로 진짜 의미 있는 수업이지 않을까? 문장 하나가 삶을 흔들리지 않게 잡아 주는 지축이 되고 그림 한 점이 아이 삶에 빛을 비추는 고유한 반짝임이 될 수 있다면 이 수업을 해야 할 의미가 충분하다고 느꼈다. 그렇게 아이가 던진 말 한마디는 그림책 질문수업을 계속하게 해 준 힘이 되었다.

① 그림책 질문수업이란?

그림책 질문수업은 두 가지로 나뉜다. 그림책을 읽고 아이 스스로 질문을 직접 만들어 보는 수업과 선생님이 제시하는 질문에 답하는 수업이다. 첫 번째 방식을 흔히 '하브루타'라고 한다. '공부하는 파트너를 가지는 것'이라는 의미로 유대인들이 짝을 지어 질문하고 대화하는 공부법을 말한다. 이 공부법은 '아이가 질문을 직접 만드는 것'이 핵심이다. 두 번째 방식은 그림책을 읽고 선생님이 질문을 만들어 아이들에게 묻는 형태로, 그림책 수업에 많이 활용되는 방법이다. 두 가지 수업 방식은 각기 다른 장점을 갖고 있다.

첫 번째, 그림책을 읽고 직접 질문을 만들고 서로 대답하는 하브루타식 수업의 장점은 무엇일까? 이 수업은 '어른이' 궁금한 것이 아니라 '아이가' 궁금한 것을 찾는다. 스스로 만든 질문의 답을 찾기 위해 상대와 소통하며 대화하는 과정에서 세상을 이해하는 토대를 만들고 문제 해결력을 키울 수 있다. 아이가 그림책을 읽고 스스로 질문을 만드는 방법은 이 책의 2장에서 아홉 가지 기법으로 분류해 다루었다.

두 번째, 그림책을 읽고 선생님이 만든 질문에 답하는 수업의 장점은 무엇일까? 선생님은 그림책을 통해 다루고 싶은 주제를 직접 선정하여 주제와 관련된 다양한 배경지식을 제공할 수 있다. 그리고 이 수업은 선생님이 질문을 다양한 활동과 연결 지어 더 풍성하게 그림책을 읽도록 도울 수 있다. 예를 들어 '우정'이라는 주제를 잡아 다양한 그림책과 매체를 제공한 뒤, 친구란 무엇인지 물어보고 줄다리기 놀이와 연관 지을 수 있는 것이다. 이러한 방식의 수업은 이 책의 3장에 자세히 다루었다.

그림책 질문수업이 꼭 필요한 이유는 무엇일까? 아이가 경험하고 느끼고 고민하고 관찰한 내용은 대개 아이 머릿속에만 머무르고 있다. 이를 밖으로 꺼내는 데 가장 훌륭한 방법이 바로 '질문'이다. 머릿속 생각에 머물지 않고 입 밖으로 '말'이 되어 나온 질문과 답변은 그림책을 '나만의 언어'로 소화할 수 있게 해 준다. 남이 쓴 언어가 아닌 내가 쓰는 단어, 내가 쓰는 문장으로 표현된 책은 진짜 내 것이 된다.

② 그림책 질문수업의 매력은?

그림책은 페이지 구성상 대부분 48페이지 내외로 마무리된다. 상대적으로 분량이 짧아, 한정된 시간 동안 아이들과 같은 호흡으로 책을 읽을 수 있다.

아이들과 긴 책을 읽을 때는 각자 읽는 속도가 너무 다르다 보니 읽는 부분을 통일하기도 힘들고, 중요하게 여기는 챕터가 달라 생각이 이리저리 흩어질 때가 많았다. 그러나 그림책은 달랐다. 책 속 단어나 그림을 함께 짚고 넘어갈 수 있었고, 읽어 주는 사람에 따라 책장을 넘기는 속도까지도 조절할 수 있었다. 진정한 함께 읽기의 즐거움이 느껴졌다.

그림책 질문수업의 더 큰 매력은 함께 읽는 데서 나아가 함께 의미를 찾을 수 있는 데 있었다. 토머스 웨스트의 책 『글자로만 생각하는 사람 이미지로 창조하는 사람』(김성훈 옮김, 지식갤러리, 2011)에 따르면, 이미지와 결합한 글은 사고방식을 더 자유롭게 하고 창의성에 깊이를 더하도록 자극한다고 한다. 즉 그림책은 더 다양한 생각, 더 깊은 이야기가 가능하게 했다. 질문을 통해 각자가 찾은 그림책의 의미를 살펴보는 것은 즐거운 일이자 아이들 생각 성장의 토대가 되었다.

또한 그림책은 동화책과 달리 글과 그림이 모두 독자적인 역할을 하기 때문에 글이 서툰 아이는 그림을 읽으며 의미를 파악할 수 있고 글과 그림을 다 잘 읽는 아이는 숨어 있는 의미를 찾으며 재미를 느낄 수 있다. 그래서 교사가 아이들 수준에 따라 다른 자료를 준비하지 않아도 아이들은 자신의 눈높이에 맞춰 그림책을 즐겼다. 이러한 점 덕분에 그림책 질문수업은 모두가 참여 가능한 수업이 되었다.

책 한 권을 제대로 읽어 내기 위해서는 혼자 처음부터 끝까지 읽는 것만으로 부족하다. 하지만 이 수업은 책 한 권을 함께 읽고 함께 이야기를 나누며 제대로 읽을 수 있게 했다. 많은 아이들이 독서를 '힘든 것', '귀찮은 것', '시켜서 하는 것'으로 인식한다. 하지만 그림책 질문수업을 하고 나면 더 이상 책 읽기가 어렵고 힘들지 않다. 재미있고 즐거운 책 읽기의 세계를 그림책 질문수업과 함께 열어 보자.

아이들의 이야기가 언제나 빛나길 바라며,
이한샘

추천의 글

그림책을 읽다 보면 물음표가 생기는 순간이 옵니다. 이한샘 선생님은 아이들이 떠올린 물음표를 그냥 흘러가게 두지 않고 '낚아챕'니다. 물고기를 낚아채는 도구는 낚싯바늘이지만 아이들에게서 질문을 낚아채는 도구는 바로 사려 깊은 태도입니다. 이한샘 선생님은 사려 깊은 태도로 아이들의 말에 귀를 기울이며 집요하게 질문을 파고듭니다. 덕분에 이한샘 선생님의 그림책 수업을 통해서 아이들은 두 가지 힘을 길러 나갑니다. 묻고 답하며 생각을 확장하는 힘, 그리고 질문으로 나만의 철학을 키워 나가는 힘입니다. 아이들과 그림책을 읽으면서 물음표를 마주했던 적이 있다면 이 책을 꼭 펼쳐 보세요. 물음표를 낚싯바늘 삼아 삶의 철학을 낚아 올릴 구체적인 방법이 바로 여기 기록되어 있습니다.

- 이현아('좋아서 하는 그림책 연구회' 대표, 서울개일초등학교 교사)

아마 신이 이한샘 선생님을 만들 때 호기심을 듬뿍 넣어 주신 것 같습니다. 궁금한 게 많고, 재미있는 게 많고, 그래서 질문 보따리도 두둑합니다. 두둑한 보따리에서 나온 질문으로 수업을 꾸준히 하나가 이한샘 선생님은 또 질문합니다.
'아이들이 진짜 궁금해하는 것으로 수업하면 어떨까?'
질문 보따리에는 아이들이 궁금해하는 것 중 하나인 '질문 만드는 방법'도 차곡차곡 쌓입니다. 이한샘 선생님이 알차게 꾸린 질문 보따리가 『그림책 질문수업』으로 탄생했습니다. 팝콘처럼 '팡팡!' 튀어 오른 아이들의 생각이 고소하고 달콤합니다.

- 우서희('좋아서 하는 그림책 연구회' 운영진, 서울자운초등학교 교사)

차례

여는 글 「그림책 질문수업으로 행복한 교실 만들기」 4
추천의 글 9

1장
그림책과 질문의 만남 - 묻고 답하며 생각을 확장하는 시간

1. 문해력을 키우는 질문수업   14
2. 나만의 철학을 키우는 질문수업   16

2장
질문수업, 어떻게 할까? - 잠자는 질문을 깨울 실천적인 기법들

1. 아이들이 좀처럼 입을 열지 않을 때 「너랑 나랑 연결 질문」   24
2. 질문 대화, 한 장면으로 시작해요 「그림에 말 걸기」   29
3. 질문 대화, 한 문장으로 시작해요 「일곱 빛깔 무지개 질문」   35
4. 한 권 읽고 질문 만들기, 단어의 힘을 빌려요 「단어 팝콘 오디션」   41
5. 질문을 성격에 따라 묶어 보아요 「거미줄 뻗기」   48
6. 사실 관계 파악도 중요해요 「탐정의 사건 파일 / 객관식 문제왕」   54
7. 삶의 태도를 생각해 보아요 「나만의 가치, 감정 연꽃 만들기」   61
8. 등장인물의 상황에 나를 대입해 보아요 「주인공 체인지」   71
9. 질문수업을 정리해 보아요 「5분 대화 / 빈칸 엔딩」   77

3장
질문으로 한 걸음 더 나아가기 - 나와, 타자와, 세계를 돌아보는 질문수업

1. 질문수업을 시작할 때
    1-1 책 제목을 활용한 질문　86
    1-2 그림을 활용해 질문 만들기　96
    1-3 질문 대화가 필요한 이유는?　105

2. 나 자신 살펴보기(진로 교육이 필요할 때)
    2-1 [성격] 나다움과 자립　113
    2-2 [감정] 감정과 행동　123
    2-3 [시간] 나의 역사, 나의 현재　132

3. 타인과 나의 관계 되돌아보기(학부모 공개 수업, 학교 폭력 예방 교육이 필요할 때)
    3-1 [가족] 가족의 의미 생각하기　140
    3-2 [친구] 친구는 어떻게 사귀는 걸까?　150
    3-3 [협동, 공존] 함께한다는 것의 의미는?　161

4. 세계로 시선 넓히기(생명 존중 교육, 경제 교육, 환경 교육이 필요할 때)
    4-1 [생명] 죽음에 관해 생각해 보기　170
    4-2 [물질] 현명하게 돈을 대하는 법　181
    4-3 [환경] 환경 문제　191

그림책 질문수업의 시행착오와 해결법　200
찾아보기　213

1

1. 문해력을 키우는 질문수업
2. 나만의 철학을 키우는 질문수업

그림책과 질문의 만남
묻고 답하며 생각을 확장하는 시간

1 문해력을 키우는 질문수업

글자 자체는 읽을 줄 알지만 그 안에 담긴 뜻을 파악하지 못하는 아이들이 늘고 있다. 예를 들어 문장제 수학 시험 문제를 읽고 분명 해당하는 공식을 알고 있음에도 불구하고, 문제의 뜻을 제대로 이해하지 못해 틀리는 경우가 많다. 즉, 글을 읽고 파악하는 '문해력' 기르기가 중요한 과제가 된 것이다. 그럼 문해력을 키우기 위해서는 어떻게 해야 할까? 문해력은 후천적으로 학습에 의해 끌어올릴 수 있으며 특히 질문수업을 통해 크게 발달시킬 수 있다.

문해력의 기초는 어휘, 즉 단어의 뜻을 정확히 파악하는 데서 시작한다. 그렇다고 모르는 단어마다 사전을 찾게 하거나, 어른이 먼저 나서서 사전적 의미를 알려 주면 역효과가 날 가능성이 크다. 단어의 뜻을 찾느라 책을 읽는 흐름이 끊기고 흥미를 잃을 수 있기 때문이다.

모르는 단어가 나왔을 때 하나하나 짚어 주는 대신, 그림책을 처음부터 끝까지 읽고 이 책 2장에 소개된 「단어 팝콘 오디션」 기법으도 질문 만들기를 해 보자. 아이는 우선 이런 질문을 받게 된다.

"이 그림책을 가장 잘 표현할 수 있는 단어를 찾아볼까요?"

이 질문은 아이가 그림책을 어떤 단어로 어떻게 소화했는지 알 수 있는 질문이다. 아이들은 그림책에 있는 단어를 말하기도 하고, 그림책에 등장하지 않는 단어를 말하기도 한다.

예를 들어『토끼와 거북이』를 읽고 아이들은 이야기에 등장하는 '경주'부터 등장하지 않는 '페어플레이'까지 다양한 단어를 말한다. 이 과정에서 아이는 또래 친구들과 함께 책 내용과 연관 지어 새로운 단어를 접하고 그 뜻을 알아 가며 나이에 알맞은 수준의 어휘력을 늘릴 수 있다.

문해력은 이렇게 어휘를 많이 아는 데서 그치지 않고, 문장을 제대로 이해하고 평가하는 능력도 포함한다. 그림책 질문수업에서는 책 속 문장과 내용에 질문을 던지면서 문장 문해력을 키운다. 2장에 소개된「탐정의 사건 파일」기법을 이용하면, 마치 탐정이 된 것처럼 그림책에 나온 내용과 사건을 문장으로 정리하면서 내용을 꼼꼼히 파악하고 질문 만드는 법을 익힐 수 있다.

또한 그림책 질문수업에서는 질문과 대답을 시각적으로 구조화하여 살펴보는 법도 배운다.「일곱 빛깔 무지개」기법을 통해 색색의 종이에 질문의 종류와 질문을 써 보기도 하고,「나만의 가치 / 감정 연꽃 만들기」기법을 응용하여 핵심어를 가운데 쓰고 꽃잎에 질문과 답변을 정리해 보는 활동도 한다. 이렇게 추상적인 생각을 구체화하여 표현해 보면, 문장에 대한 이해도가 더 높아지고 내용을 효과적으로 정리하는 습관이 생겨 문해력을 높일 수 있다.

2 | 나만의 철학을 키우는 질문수업

① 단어에서 나만의 의미 찾기

단어의 사전적 의미를 아는 것이 아이의 문해력과 직결된다면, 단어를 내 나름대로 정의하는 경험은 아이의 철학을 키우는 데 도움이 된다. 그림책 속 키워드를 자기 나름의 언어로 표현하며 자신만의 철학을 키우는 아이들의 모습을 살펴보자.

앞에 소개한 『토끼와 거북이』 이야기에서 그림책을 가장 잘 표현할 수 있는 단어로 '꾸준함'이 뽑혔다. '꾸준함'의 사전적 정의는 '거의 변함이 없이 한결같다.'라는 의미지만, 아이들이 그림책을 읽고 나서 표현한 꾸준함은 다음과 같았다.

꾸준함은 _____다. 왜냐하면 _____.

준현: 꾸준함은 가장 쉽지만 어려운 일이다. 왜냐하면 가장 쉽게 어길 수도 있는 자기와의 약속을 계속 지켜 나가야 하는 일이기 때문이다.

> 윤정: 꾸준함이란 쇠똥구리다. 왜냐하면 쇠똥구리에게는 소중한 똥 덩어리를 너덥지근하다고 생각하는 사람들이 많듯 나 외에는 누구도 가치를 알아 주지 않는 일에도 혼자 믿음을 갖고 열심히 하는 것이기 때문이다.

 준현이에게는 꾸준함이 자기와 약속을 계속 지켜 나가는 일이고, 윤정이에게는 누가 가치를 알아 주지 않는 일에도 혼자 믿음을 갖고 열심히 하는 것이다. 아이가 직접 쓴 '꾸준함'의 정의에는 각자의 인생 철학이 녹아들어 있었다.
 삶의 태도를 알 수 있는 질문에 답하는 일은 자기 일상을 돌아보는 계기가 되기도 한다.
 "윤정이가 꾸준하게 하는 일이 있을까?"
 "저는 매일 일기 대신 사진을 찍어 올려요. '좋아요' 수도 적고 댓글도 거의 안 달리지만, 하루를 꾸준히 기록하는 게 중요하다고 생각해요."
 꾸준히 하는 일이 있는 아이는 자신의 이야기를 풀어놓고, 꾸준히 하는 일이 없는 아이도 귀를 쫑긋 세워 들으며 저 멀리 책으로만 존재하던 우화, 『토끼와 거북이』가 또래 친구들의 실제 삶에 어떻게 스며들어 있는지 알게 된다. 이렇게 단어를 내 나름대로 정의하는 일은 그림책이 다루는 수많은 주제를 내면화시키며 자신만의 철학을 키우는 토대를 만든다.

② 진정한 듣기, 말하기, 쓰기가 가능해지는 질문수업

질문과 답변은 서로 떼려야 뗄 수 없는 사이다. 질문이 있으면 답이 따라오고, 답이 있는 곳에는 질문이 있다. 질문과 답처럼 함께 붙어

다니는 것이 말하기와 듣기다. 아이들은 자신이 생각한 질문을 말하고, 친구들의 질문을 듣고, 자신이 생각하는 답을 말하고, 친구들의 답을 듣는다.

　이 과정에서 '경청'이 없다면 아이들은 토의에 참여하기도 힘들고 다른 친구들에게 존중받기도 힘들다. 따라서 그림책 질문수업을 하기 전, 아이들은 경청하는 연습을 한다. '어제 있었던 일' '내가 좋아하는 것' 등 간단한 주제를 놓고 짝과 이야기를 나눈다. 이때 짝의 이야기에서 궁금한 것을 물어 '질문 꼬리 잡기' 놀이를 하며 경청 훈련을 한다. 이 '질문 꼬리 잡기' 놀이는 이 책의 2장 「너랑 나랑 연결 질문」 기법에 자세히 소개되어 있지만, 여기서 예시를 들어 보면 다음과 같다.

```
상진: 어제 나는 하루 종일 집에 있었어.
성주: 하루 종일 무엇을 했니?                    꼬리잡기 1회
상진: 가족이랑 네 시간 동안 요리를 했어.
성주: 어떤 요리를 했니?                         꼬리잡기 2회
상진: 등갈비를 만들었어. 힘들었지만 맛있었는데 엄마가
      고생스러워서 다시는 안 한다고 해 좀 슬펐어.
성주: 그럼 다음 번에는 다른 요리를 만들어 봐도 좋겠다.
      가족과 어떤 요리를 또 해 보고 싶어?        꼬리잡기 3회
```

　경청 훈련은 앞으로 할 그림책 질문수업의 축소판과도 같은 놀이이다. 이 놀이를 통해 아이들은 '경청'과 '질문' 사이의 관계를 알 수 있다. 상대의 말을 주의 깊게 듣고 관심을 가져야만 그다음 질문을 할 수 있고, 그 질문을 잘 들어야만 대답을 할 수 있기 때문이다.

그런 말하기를 잘하기 위해서는 어떤 훈련을 할까? 1분 모래 시계를 사용해 한 주제를 두고 1분 동안은 자신이 책임지고 말하는 시간을 갖는 '모래 시계 대화' 놀이를 한다. 1분 모래 시계를 사용해 말하는 연습을 하면 너무 길게 말하거나 너무 짧게 말하는 것을 방지할 수 있다. 눈에 보이는 '시간'이 있기 때문이다. 정해진 시간 내에 내가 말하고자 하는 바를 정리하여 전달하는 과정에서 아이들의 말하기 능력은 향상된다. 1분 모래 시계 대화 놀이는 이 책의 2장 「5분 대화」 기법에 자세히 설명되어 있다.

질문수업으로 글쓰기 능력도 향상될 수 있을까? 좋은 글을 쓰기 위해서는 글쓴이가 말하고자 하는 바, 즉 주제 의식이 뚜렷해야 한다. 이 주제 의식을 다듬을 수 있는 것이 바로 질문이다. 자신이 생각한 주제에 관해 끊임없이 질문하고, 질문을 받으면 내 생각의 오류를 스스로 찾아 바로잡을 수 있고, 상대를 설득하는 방법도 터득하게 된다. 이 책의 3장 「생명」과 「물질」 파트에는 각 주제와 맞닿아 있는 질문을 바탕으로 이야기를 창작하는 활동과 일기를 쓰는 활동이 실려 있다.

이렇게 그림책 질문수업은 듣기, 말하기, 쓰기뿐만 아니라 문해력 향상과 자기 철학 세우기에도 효과적인 방법이다. 그럼 지금 당장, 그림책 질문수업을 시작해 보면 어떨까?

2

1. 아이들이 좀처럼 입을 열지 않을 때 「너랑 나랑 연결 질문」
2. 질문 대화, 한 장면으로 시작해요 「그림에 말 걸기」
3. 질문 대화, 한 문장으로 시작해요 「일곱 빛깔 무지개 질문」
4. 한 권 읽고 질문 만들기, 단어의 힘을 빌려요 「단어 팝콘 오디션」
5. 질문을 성격에 따라 묶어 보아요 「거미줄 뻗기」
6. 사실 관계 파악도 중요해요 「탐정의 사건 파일 / 객관식 문제왕」
7. 삶의 태도를 생각해 보아요 「나만의 가치, 감정 연꽃 만들기」
8. 등장인물의 상황에 나를 대입해 보아요 「주인공 체인지」
9. 질문수업을 정리해 보아요 「5분 대화 / 빈칸 엔딩」

질문수업, 어떻게 할까?
잠자는 질문을 깨울 실천적인 기법들

그림책을 읽고 스스로 질문을 만들어 보라고 하면 아이 대부분이 낯설고 어려워한다. 주어진 질문에 대답만 하다가 갑자기 질문 자체를 직접 만들어 보라고 하니 당황스러운 것이다. 따라서 무작정 질문을 뽑아 보라고만 하지 말고, 질문 '만드는' 방법을 교사가 섬세하게 안내해야 한다. 이번 장에서는 아이들과 함께 질문을 만드는 방법부터 수업을 질문으로 마무리하는 방법까지 총 아홉 가지 이야기를 다루었다.

 질문을 나누는 최소 단위는 파트너 즉 '짝'이다. 그림책 질문수업은 그림책을 펴기 전, 나와 '질문 짝'이 될 친구와 함께 질문을 만드는 「너랑 나랑 연결 질문」 기법으로 시작한다.

 질문 만들기가 조금 익숙해지면, 본격적으로 수업에 들어간다. 처음부터 책 한 권의 내용을 한꺼번에 다루면 아이들이 부담스러워하기 때문에 그림책의 '한 장면'을 가지고 질문을 만드는 「그림에 말 걸기」 기법으로 질문과 친숙해질 시간을 갖는다. 그 후 '한 문장'을 가지고 일곱 가지 질문을 만드는 「일곱 빛깔 무지개 질문」 기법으로 다양한 질문의 종류를 알아본다. 이어서 그림책 '한 권'을 읽고 질문을 만드는 가장 중요한 질문 기법인 「단어 팝콘 오디션」 기법을 배우게 된다.

　이렇게 만든 질문들을 분류하여 효과적으로 살펴보기 위해 「거미줄 뻗기」 기법을 알아본다. 거미줄 뻗기 기법에서는 질문을 크게 네 가지로 나누는데 사실 질문, 가치 질문, 적용 질문, 종합·기타 질문으로 분류한다. 사실 질문은 어떻게 만드는지 「탐정의 사건 파일 / 객관식 문제왕」 기법으로 소개하고, 가치 질문은 어떻게 만드는지 「나만의 가치, 감정 연꽃 만들기」 기법으로 다루고 있다. 적용 질문을 만드는 방법은 「주인공 체인지」 기법을 통해 알아본다.

　질문을 만들어 나눠 보는 시간이 끝나면 다시 짝과 질문으로 마무리를 하는 「5분 대화」 기법과, 정의 내리기로 마무리를 하는 「빈칸 엔딩」 기법을 통해 수업을 마친다.

　2장에서 안내하는 질문 만들기 기법은 처음부터 아이들과 차근차근 해 봐도 좋고, 수업의 필요에 따라 골라 사용해도 좋다.

1 아이들이 좀처럼 입을 열지 않을 때
「너랑 나랑 연결 질문」

조용했던 교실이 아이들의 재잘거림으로 가득 찼다. 눈으로는 그림책을 읽고, 입으로는 질문을 하고, 귀로는 대답을 듣는 그림책 질문수업 시간이 시작되었기 때문이다. 평소 교실이 고요한 회색빛이라면, 이 시간만큼은 온 교실에 무지갯빛 생기가 가득 도는 듯했다.

그런데 이 시간에 절대 입을 열지 않는 아이들이 있었다. 질문이 어려워서, 친구들의 시선이 무서워서 움츠러든 아이들이었다. 놀랍게도 '짝'을 만난 순간, 이 아이들이 조금씩 입을 열기 시작했다.

앞서 간단하게 언급했지만 질문수업에서 질문과 대답의 핵심 단위는 개인이 아닌 둘씩 뭉친 '짝'이다. 한 명은 질문하고 한 명은 대답하며 일대일 대화가 이루어지는 '짝' 사이에서는 아무리 소심한 아이라도 마음의 부담을 내려놓고 입을 열었다.

실제로 질문 공부법으로 유명한 유대인의 토론 방식인 '하브루타'의 어원 역시 히브리어의 '하베르(친구 또는 동료)'에서 왔다고 알려져 있다. '하브루타'는 나이와 성별, 계급에 차이를 두지 않고 두

명씩 짝을 지어 공부하며 논쟁을 통해 진리를 찾아가는 방식이나.[1] 짝을 지어 공부하기 때문에, 상대방의 이야기를 잘 듣고 질문하는 과정이 필수적이다.

「너랑 나랑 연결 질문」 기법은 본격적인 질문수업 전, 짝과 서로에 관한 질문과 대답을 하면서 유대감을 쌓는 방법이다. 질문하는 것에 마음의 장벽이 있던 아이들도 짝과 함께 가볍게 질문과 답변을 나눌 수 있다. 이 기법이 기존의 자기소개와 다른 점은, 그림책에서 '나'와 연결되는 이야깃거리를 가지고 온다는 것이다. 그래서 이름, 가족, 좋아하는 것을 말하는 단순한 자기소개와 달리 그림책 이야기에 기대 풍성한 질문과 답을 나눌 수 있다.

「너랑 나랑 연결 질문」 기법

- 준비물 : 그림책 『너의 특별한 점』, 몸의 점을 표시할 수 있는 간단한 신체 모양 도안
- 어떤 기법일까?
  본격적인 질문수업 전 짝과 질문과 대답을 하면서 유대감을 쌓는 기법
- 어떤 순서로 할까?
  ① '나'를 말할 수 있는 그림책 읽어 보기
  ② '나'를 간단한 글이나 그림으로 드러내기
  ③ 질문 꼬리잡기로 서먹함 풀기

---

[1] 『World Wide Agora』(Aharon Liebersohn 지음, Lulu Press, Inc. 2009) 155쪽

① '나'를 말할 수 있는 그림책 읽어 보기

그림책 『너의 특별한 점』은 목 한가운데에 까만 점이 있는 여자아이의 모습부터 시작한다. 부끄러워하는 아이에게 엄마는 점에 관한 특별한 이야기를 들려주기 시작한다. 작은 점처럼 보이는 씨앗에서 꽃이 피고, 작은 점처럼 보이는 알에서 물고기가 태어나고, 작은 점처럼 보이는 세포에서 '너'가 만들어졌다는 이야기이다. 아이는 엄마의 말을 들으며 자신이 특별한 존재임을 다시 생각하게 된다.

『너의 특별한 점』
(이현정 글, 이고은 그림, 달달북스, 2021)

제목에서 '점'이라는 단어는 두 가지 의미로 읽을 수 있다. 몸에 있는 점을 뜻하기도 하고 개인의 성향이나 사물의 속성을 뜻하기도 한다. 이 그림책을 통해 우리는 저마다 다른 개성을 품고 있고, 그래서 특별하고 아름다운 존재라는 점을 생각해 볼 수 있다.

② '나'를 간단한 글이나 그림으로 드러내기

누구나 몸에 점이 있다. 하지만 누구나 같은 위치에 점이 있는 것은 아니다. 고학년의 경우, 내 몸의 점에 대해 서너 줄 정도의 간단한 글을 썼다. 몸에 있는 점의 위치, 내게 가장 친숙한 몸의 점, 새로 발견한 점 등 다양한 이야기를 써 본 것이다.

> 내 몸에서 가장 신경 쓰이는 점은 오른쪽 팔뚝에 있는 점이다.
> 다른 점들과 달리 조금 튀어나와 있는데 색깔도 검은색과 붉은색이 약간 섞여 있다.
> 나는 초조할 때 이 점을 손톱으로 뜯는데 피가 날 때도 있고 안 날 때도 있다.
> 피가 나면 뭔가 시원하지만 샤워할 때마다 아파서 다음번에는 안 그래야지 생각한다.
> － 주양은 (5학년)

저학년 아이들은 자기 몸에 있는 점을 그려 보았다. 별자리에 이름이 있는 것처럼, 가장 도드라지는 점 세 개에 나름의 이름도 붙였다.

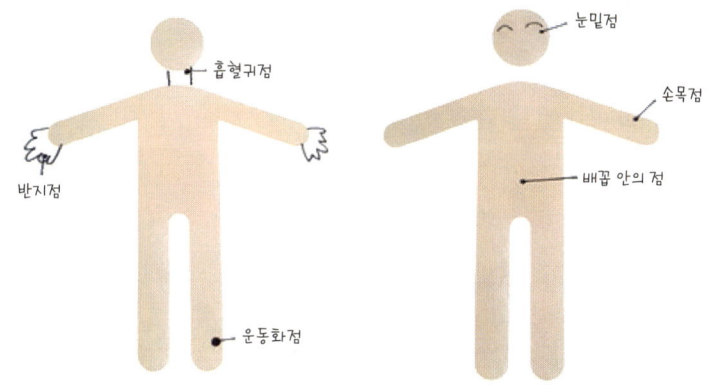

위치, 해당 신체 부위에 얽힌 이야기나 착용하는 것들의 명칭을 활용해 점 이름을 지었다.

③ 질문 꼬리잡기로 서먹함 풀기

나의 점에 관해 표현한 글이나 그림을 짝과 바꿔 읽고 난 뒤, 질문 꼬리잡기를 시작한다. 이 놀이는 이진숙의 『하브루타 질문 놀이』(경향BP, 2017)에서 나온 활동을 응용한 것이다. 꼬리에 꼬리를 물듯 질문-답변, 질문-답변을 계속 반복한다. 처음에는 꼬리잡기 세 번을 목표로 두고 대화를 시작하면 좋다. 질문하는 사람은 '잘 듣기', 대답하는 사람은 '성의 있는 대답하기'를 세 번 해야 꼬리잡기에 성공할 수 있다.

그럼 질문 꼬리잡기에서 질문은 어떻게 만들면 좋을까?

1. 짝이 쓴 것 중 가장 궁금한 문장(혹은 그림) 콕 찍기
2. 그 문장에 대해 질문하기(육하원칙에 따라 질문 만들기)
3. 질문을 받은 사람은 '예 / 아니오' 단답형이 아닌 자세한 대답 해 주기
4. 대답을 듣고 그 대답에 대해 다시 질문하기

    질문 꼬리잡기를 하기 전, 점에 관해 쓴 한 아이의 글을 보여 주고 선생님과 함께 시범을 보이면 아이들이 더 빨리 이해한다. 다음은 양은이가 쓴 글(26쪽)로 진행한 질문 꼬리잡기이다.

선미: 초조하면 손톱으로 점을 뜯는 버릇이 왜 생겼어? 양은: 원래는 손톱을 이로 물어뜯었는데 자꾸 엄마한테 혼나다 보니 다른 방법을 찾게 되었어.	꼬리잡기 1회
선미: 엄마는 왜 그 버릇을 싫어하셨어? 양은: 손톱 모양이 이상해진다고도 하셨고 손톱에 병균이 많아서 더럽다고도 하셨어.	꼬리잡기 2회
선미: 그래서 손톱 물어뜯는 버릇은 어떻게 고쳤어? 양은: 아직 못 고쳐서 방법을 찾고 있어.	꼬리잡기 3회

    번갈아 가며 꼬리잡기를 한 뒤, 원하는 짝은 내용을 발표해 본다. 익숙해지면 꼬리잡기 5회, 7회 등으로 조금 더 허들을 높여 진행한다. 함께 놀이하듯 대화를 나누다 보면 상대방을 향한 경계심이나 낯선 마음이 줄어들고 친밀해지는 효과를 볼 수 있다.

2 | 질문 대화, 한 장면으로 시작해요
「그림에 말 걸기」

그림책을 볼 때 가장 먼저 눈에 들어오는 요소는 무엇일까? 바로 표지다. 표지 그림은 책 내용을 함축적으로 보여 준다. 비록 그림 한 컷이지만 세세하게 뜯어보면 다양한 질문거리가 풍성하게 담겨 있다. 그러나 대부분의 그림책 수업은 아이들에게 질문할 기회를 주지 않는다. 대신 표지를 보며 선생님이 만든 질문을 아이들에게 던지는 것부터 시작한다.

"무엇이 보이니?"

"어떤 내용이 나올 것 같니?"

교사가 먼저 질문을 꺼내는 대신, 아이들이 표지 그림을 보고 직접 질문을 만들어 보면 더 효과적인 수업이 된다. 아이들은 선생님 질문에 대답할 때보다 훨씬 더 적극적인 태도를 보인다. 표지를 더 자세히 보겠다고 확대를 요청하고, 구석에 그려진 작은 것도 꼼꼼히 살핀다. 앉아서 그림책을 읽거나 듣기만 하는 소극적인 독자에서 벗어나는 것이다.

표지에 담긴 '흰 지면'으로 가장 먼저 질문 만들기를 시작하는 이유는 무엇일까? 그림에는 정답이 없기 때문이다. 그림을 읽어 내는 방식은 사람마다 다양하고 그 생각은 '맞다 / 틀리다'로 구분되지 않는다. 그림의 이런 개방성이 해석의 여지를 활짝 열어 질문 만들기와 답변하기의 부담감을 덜어 준다. 그리고 그림은 직관적으로 한눈에 파악할 수 있기 때문에 시간이 오래 걸리지 않아서 가볍게 질문을 만들고 답하는 활동이 가능하다.

「그림에 말 걸기」 기법

- 준비물 : 그림책 『알사탕』
- 어떤 기법일까?
  그림을 보고 질문을 만들어 보는 기법
- 어떤 순서로 할까?
  ① 그림책의 앞표지, 뒤표지 꼼꼼하게 살펴보기
  ② 내 안의 질문 낚아채기
  ③ 그림 속 인물, 물건, 배경에 대해 질문 만들기
  ④ 그림 보고 상상력 발휘하기 / 기억 불러오기 / 마음 불러오기(심화)

① **그림책의 앞표지, 뒤표지 꼼꼼하게 살펴보기**

그림책 『알사탕』의 앞표지와 뒤표지를 꼼꼼히 살펴보고 짝과 함께 그림에서 보이는 것에 관해 이야기를 나눠 보았다.

앞표지에는 줄무늬 옷을 입고 일자 앞머리를 한 남자아이가 눈과 코와 입을 크게 벌린 채 분홍색 알사탕을 바라보고 있다. 뒤표지에는 8, 1, 9라고 쓰여 있는 아파트 현관의 모습이 보인다. 햇빛은

『알사탕』 (백희나 글·그림, 책읽는곰, 2017)

동동이가 산 알사탕에 신기한 능력이 있다. 소파 색과 비슷한 색 사탕을 먹으니 소파의 마음이 들리고, 얼룩무늬 사탕을 먹으니 강아지 구슬이 목소리가 들린다.
평범한 간식거리인 알사탕을 통해 다른 존재의 속마음을 들을 수 있다는 재기 발랄한 이야기가 '진정한 소통'이 무엇인지 생각하게 한다.

사선으로 비쳐들고 있고 현관에는 자그마한 화단이 있다.

"아파트 현관에 나란히 놓인 킥보드랑 스케이트보드가 보여."

"바닥에 노랑이랑 초록 이파리가 같이 굴러다니는 것을 보니 9월, 10월쯤인가 봐."

아이들은 짝과 함께 표지 이야기를 나누며 자신이 미처 보지 못했던 부분을 발견하기도 했고, 특이한 부분이나 재밌는 부분을 같이 말하며 서로 공감하기도 했다.

② 내 안의 질문 낚아채기

표지를 보다 보면 어떤 방법을 알려 주지 않아도 자연스럽게 질문을 만드는 아이들이 있다.

"남자아이가 들고 있는 사탕은 왜 분홍색일까?"

"스케이트보드와 킥보드는 둘 다 앞표지에 나온 남자아이 것일까?"

"앞표지의 남자아이는 찰흙으로 만들었을까?"

이렇게 자연스럽게 떠오르는 질문을 그냥 흘러가게 두지 말고

'낚아채게' 했다. 물고기를 낚아채는 도구는 낚싯바늘이지만, 질문을 낚아채는 도구는 바로 뾰족한 연필 끝이다. 떠오르는 질문을 공책이나 미니 화이트보드, 포스트잇 등에 써 보며 그야말로 '낚아'챘다.

③ 그림 속 인물, 물건, 배경에 대해 질문 만들기

자연스럽게 질문을 만드는 아이가 있는가 하면 질문 만들기를 힘들어하는 아이도 있다. 그럴 때는 '질문거리'에 대한 조그만 힌트만 주어도 충분하다. 첫 번째 질문거리는 인물이다.

"여기 있는 아이에게 뭘 물어보고 싶니?"

"음, 알사탕을 왜 그렇게 열심히 쳐다보고 있는지 물어보고 싶어요."

두 번째 질문거리는 물건이다.

"그림 속 물건 중에 궁금한 물건이 있니?"

"알사탕요, 무슨 맛일지 궁금해요."

세 번째 질문거리는 배경이다.

"여기 배경에 궁금한 것이 있니?"

"8 1 9 라는 숫자가 무슨 뜻인지 궁금해요."

그림을 보고 어떤 부분에 집중해서 질문을 만들어야 할지 감을 못 잡고 있다면, 인물, 물건, 배경에 초점을 맞춰 궁금한 점을 찾아내도록 범위를 좁혀 주는 것이 도움이 된다.

④ 그림 보고 상상력 발휘하기 / 기억 불러오기 / 마음 불러오기(심화)

그럼 이제 더 풍성한 질문을 만들기 위한 세 가지 방법을 알아보자. 먼저, 상상 질문을 만들기 위해서는 그림에 없는 다른 사물이나 상황을 대입해 보는 과정이 필요하다. 육하원칙을 활용하면 좀 더 쉽게 접근할 수 있다.

『알사탕』 표지 그림을 보고 아이들은 먼저 다음과 같은 상상 질문을 만들었다.

- 아이가 들고 있는 것이 알사탕이 아니었다면 어떤 것이 잘 어울릴까?
- 만약 나라면 킥보드와 스케이트보드 중 무엇을 타고 놀까?

이런 상상 질문은 '다른 가능성'을 생각해 볼 수 있게 하며 그림책 이야기의 확장을 끌어낼 수 있다.

분류	질문
누가?	"만일 나였다면?" "그 아이가 아니라 ○○였다면?"
무엇을?	"그것이 아니라 ○○이었다면?"
언제?	"그때가 아니라 ○○였다면?"
어디서?	"그곳이 아니라 ○○였다면?"
어떻게?	"그 방법이 아니라 ○○방법이었다면?"
왜?	"과연 왜 그렇게 했을까?"

육하원칙을 활용해 이끌어 낸 상상 질문 예시.

풍성한 질문을 만드는 두 번째 방법은 기억으로 질문 만들기다. 그림을 보다 보면 장면과 비슷한 경험, 혹은 반대되는 경험이 기억나기도 한다. 그 경험에 관해 물어볼 수 있다.

- 알사탕을 먹어 본 적 있니?
- 스케이트보드와 킥보드 중 무엇을 타 봤니?
- 내가 먹어 본 분홍색 사탕은 무슨 맛이 났니?

기억을 바탕으로 한 질문은 그림 속 상황에서 나의 경험을 끌어내며 그림과 내가 연결되는 지점을 찾을 수 있게 해 준다.

세 번째 방법은 마음에 대한 질문 만들기다. 그림을 보면 어떤 감정이나 기분이 확 전달될 때가 있다. 그 감정이나 기분을 물어볼 수 있다.

- 남자아이는 어떤 기분일까?
- 남자아이가 외로워 보인다면, 이유가 무엇일까?

마음 질문은 공감의 기초가 된다. 그림에서 전해지는 느낌을 묻고 나누는 과정에서 그림책에 풍덩 빠져들 준비가 된다.

상상 질문, 기억 질문, 마음 질문으로 아이들이 만들 수 있는 질문의 범위를 확장할 수 있다. 단순히 그림 속에 담긴 정보를 묻는 방식에서 나아가 다른 이야기의 가능성을 생각해 보고, 너와 나의 경험을 이야기하고, 감정을 알아차릴 수 있게 되는 것이다.

3 | 질문 대화, 한 문장으로 시작해요
「일곱 빛깔 무지개 질문」

그림책 질문수업의 다음 단계는 '한 문장'으로 질문 만들기부터 시작했다. 문장은 사회적 약속인 '언어'를 바탕으로 쓰였기 때문에 그림보다 말하려는 바가 명확하다. 그림만큼 다양한 해석의 여지는 줄어들지만 문장을 바탕으로 할 때 만들 수 있는 고유의 질문 영역이 있다.

그럼, 하나의 문장으로 어떤 질문을 만들 수 있을까? '옛날에는 가난뱅이였던 벼락부자가 있었다.'라는 한 문장[2]을 보여 주고 아이들과 질문 만들기를 해 보았다.

"왜 가난뱅이였을까?"

"옛날은 언제일까?"

문장을 보고 질문을 네 개까지 생각한 아이도 있고 반면에 한 개

---

2 『부모라면 유대인처럼 하브루타로 교육하라』(위즈덤하우스, 2012)를 쓴 전성수 교수가 만든 틀이며 하브루타 방식을 체계화하는 여러 분류 중 하나이다. 이 책에서 탈무드의 한 문장으로 이끌어 낸 질문 또한 전성수 교수의 책에서 인용했음을 밝혀 둔다.

도 만들지 못한 아이도 있었다.

"이 문장으로 일곱 가지 질문 만드는 것을 보여 줄 거야."

질문을 일곱 가지나 알려 주는 이유는 아이들의 머릿속에 '질문의 틀'을 여러 개 만들기 위해서였다. 질문이 한두 개에 그치는 아이들의 '질문 틀'은 역시 한두 개에 그칠 가능성이 높다. 맨 앞에 '왜'를 붙이고 뒤에는 '까?'를 붙이면 질문이 만들어진다는 발상이다. 이런 아이들에게 다양한 질문의 종류를 알려 주면 머릿속에 새로운 틀이 생긴다. 이 단계에서 소개할「일곱 빛깔 무지개 질문」기법은 한 문장에서 일곱 가지 질문을 이끌어 내는 방식이다. 각 질문은 어떤 방식으로 만들어지는지 살펴보자.

「일곱 빛깔 무지개 질문」 기법

- 준비물 : 무지개색 색종이 일곱 장 한 세트(인원수에 맞게 준비)
- 어떤 기법일까?
  한 문장으로 일곱 가지 질문을 만들어 보는 기법
- 한 문장으로 만들 수 있는 질문의 종류는?
  ① 단어의 뜻을 묻는 질문
  ② 문장의 표현에 관하여 묻는 질문
  ③ 느낌에 대한 질문
  ④ 비교하는 질문
  ⑤ 상대방의 의견을 묻는 질문
  ⑥ 상대방에게 적용할 수 있는 질문
  ⑦ 결론적이고 종합적인 질문

① 단어의 뜻을 묻는 질문
문장 속에 나온 단어의 사전적 의미를 물어보는 질문이다.
- 가난뱅이는 무슨 뜻인가?
- 벼락부자라는 말에서 '벼락'은 무슨 의미인가?

이 두 문장처럼 말을 정확하게 이해하기 위한 질문이 여기에 해당한다. 단순해 보이지만 어휘력이 부족하여 문장이나 글의 뜻을 이해하지 못하는 아이들에게는 꼭 필요한 질문이다.

② 문장의 표현에 관하여 묻는 질문
- 왜 가난한 사람이라고 하지 않고 '가난뱅이'라고 표현했는가?
- 왜 그냥 부자가 아니고 '벼락부자'라고 표현했는가?

①에서 단어의 사전적 의미 그대로를 물어보았다면 앞의 두 질문은 '표현'의 의도에 관해 물은 것이다. 그냥 가난한 사람이 아닌 '가난뱅이'라는 단어를 사용하거나, 그냥 부자가 아닌 '벼락부자'라는 말을 선택한 데에는 쓴 사람의 의도가 들어 있다. 표현에 관해 물어보는 활동은 작가의 의도를 알게 하고 문장을 더 잘 이해할 수 있도록 도와준다.

③ 느낌에 대한 질문
- 내가 가난뱅이라면 어떤 느낌이 들까?
- 당신이 평소에 가난하다고 생각했던 사람이 갑자기 벼락부자가 되었다는 소식을 들으면 어떤 느낌일까?

세 번째 질문부터는 문장의 뜻에 집중하던 방식에서 벗어나 나 혹은 타인의 느낌을 묻는 것으로 나아간다.

④ 비교하는 질문

- 가난뱅이였다가 벼락부자가 되면 가장 좋은 점과 힘든 점이 무엇일까?
- 가난뱅이와 부자의 생활을 비교해 본다면?

'가난뱅이'와 '벼락부자'라는 상반된 개념이 나오기 때문에 비교하는 질문을 만들 수 있다. 상반된 개념이 나오지 않는 경우에도 비교하는 질문을 만들 수 있는데, '조화의 반대말은 무엇이라고 생각하는가?' 등 어떤 개념의 반대어나 유의어를 묻는 질문, '나와 주인공을 비교한다면?'과 같이 비교의 대상을 '나'로 놓는 질문으로 확대해 볼 수 있다.

⑤ 상대방의 의견을 묻는 질문

개인의 이야기를 끌고 옴으로써 평소에 갖고 있던 가치관과 생각을 엿볼 수 있는 질문이다.

- 당신은 평소에 부자에 관해 어떻게 생각하는가?
- 당신이 벼락부자가 된다면 무슨 일을 제일 먼저 하고 싶은가?
- 당신은 벼락부자인 친구에게 어떤 조언을 해 주고 싶은가?

⑥ 상대방에게 적용할 수 있는 질문

⑤에서는 상대방의 '생각'에 초점을 맞췄다면 이번에는 상대방이 처한 상황에 초점을 맞춰 질문한다.

- 당신은 어떻게 부자가 되고 싶은가?

앞 질문과 비슷해 보이지만, 질문의 방향이 '현재' 혹은 '과거'가 아닌 미래 지향적이라는 점이 조금 다르다.

⑦ 결론적이고 종합적인 질문

– 빈부와 행복은 어떤 관계가 있을까?

이 질문은 '가난뱅이'와 '벼락부자'라는 두 반대 개념을 '빈부'라는 하나의 단어로 표현하면서 가난함과 부유함의 차이점을 더 부각시킨 것이다. 또한 시간이 흘러 경제적인 환경이 180도 변한 한 사람에 관한 이야기를 다루며, 우리가 처한 환경이 긍정적인 방향으로 바뀌었을 때 느끼는 기분 중 하나인 '행복'이라는 키워드를 가져와 질문을 만들었다.

'빈부'와 '행복' 모두 문장에 직접적으로 언급되지 않은 개념적인 단어로, 생각을 확장하여 추상화해야만 만들 수 있는 질문이다.

한 문장에서 일곱 종류의 질문이 뻗어 나갈 수 있다는 것을 보여 준 뒤, 질문의 종류를 기억하기 쉽도록 무지개색의 접기 인형을 만

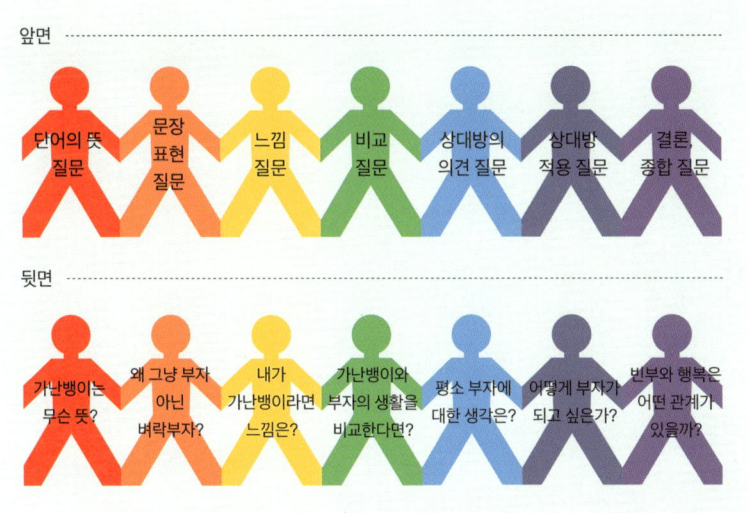

들고 질문의 종류와 질문을 써 인형 앞뒤로 붙이는 활동을 해 보았다. 질문의 종류를 다시 한번 써 보면서 머릿속에 새로운 질문의 다양한 틀을 되새기기 위해서였다.

아이들은 일곱 빛깔 무지개 기법을 활용해 폭발적으로 질문을 만들기 시작했다. 단순한 한 줄의 글로도 폭넓고 깊은 질문이 쏟아져 나왔다. 아이들은 한 문장으로도 이렇게 다양한 질문이 나올 수 있다는 사실을 놀라워했다. 나 역시 아이들이 스펀지처럼 쏙쏙 질문을 흡수해 새로 만들어 내는 것이 신기하기만 했다. 여러 질문을 접하고, 직접 만들어 본 아이들은 교사의 폭풍 칭찬과 격려를 듣고 질문수업을 두려워하는 대신, 기대하기 시작했다.

4 한 권 읽고 질문 만들기, 단어의 힘을 빌려요
「단어 팝콘 오디션」

그림책 질문수업을 위해 짝과 질문을 나누며 아이들은 질문과 친해져 갔다. 하지만 선생님인 나에게는 여전히 고민이 있었다. 아이들은 하나의 그림, 하나의 문장으로는 질문을 곧잘 만들었지만 그림책 한 권을 통째로 읽은 뒤 질문해 보자고 하면 너무 어려워했다.

앞에서 한 장면, 한 문장으로 질문 만드는 법을 배웠으니 그것을 응용해 볼 차례였다. 그림책 한 권을 처음부터 끝까지 다 읽은 뒤 사진 중심 SNS 형식으로 기록해 보았다. 인상적이었던 한 장면을 그리고, 설명하는 문장을 쓴 뒤 그림을 표현하는 해시태그를 다는 방식이었다.

아이들이 완성한 그림, 문장, 해시태그를 천천히 훑어보았다. 그중 해시태그들이 가장 인상적이었다. 짧은 단어 몇 자로 표현했을 뿐인데 핵심을 기가 막히게 집어내고 있었다. 위트와 재치가 넘치는 표현도 돋보였다. 아이들의 단어 표현 능력을 질문수업에도 적용해 보면 어떨까 하는 생각이 들었다. 그림책을 읽고 '키워드'를 뽑

SNS 게재 형식으로 만든 '나만의 한 장면'.

을 수 있다면 그것을 활용하여 질문을 만들기도 어렵지 않을 것이기 때문이다.

마침 그림책 『낱말 공장 나라』를 만났다. 이야기의 배경은 낱말 공장이 있는 암울한 나라다. 이 나라 사람들은 말을 하고 싶으면 낱말 공장에서 만들어 낸 낱말을 돈을 주고 사야만 한다. 주인공 소년 필레아스는 가난하다. 하고 싶은 말이 있지만 마음껏 할 수 없다. 필레아스는 사람들에게 버려진 채 떠다니는 단어 세 개를 곤충망으로 잡는다. 체리, 먼지, 의자다. 이 세 단어로 좋아하는 시벨에게 사랑 고백을 한다.

『낱말 공장 나라』
(아네스 드 레스트라드 글, 발레리아 도캄포 그림, 세용, 2009)

화려한 미사여구로 치장된 말보다 소박하더라도 진심을 담은 말이 상대방을 감동시킬 수 있음을 보여 주는 그림책. 필레아스의 말을 들은 시벨의 반응은 신선한 반전이며 이야기를 더욱 사랑스럽게 느끼게 해 준다.

질문을 만들 때 그림책 속 숨어 있는 키워드를 찾지 못하면 질문이 엉뚱한 방향으로 흘러가는 경우가 많았다. 반면 중요한 단어만 찾아도 아이들은 자신의 삶과 단어를 연결 지었다. 그래서 아이들과 글을 읽고 생각나는 단어를 말해 보며 키워드를 뽑는 작업을 먼저 하기로 했다.

『낱말 공장 나라』의 필레아스처럼 딱 세 단어만 골라 그림책을 표현해야 한다면 아이들은 어떤 단어를 고를까? 이 과정을 「단어 팝콘 오디션」이라고 이름 붙이고 네 단계로 나눠 진행해 보았다. 「단어 팝콘 오디션」의 활동들은 질문을 만드는 각 과정과 맞닿아 있는 제목으로 지은 이름이다. 우선 팝콘처럼 팡! 떠오르는 단어들을 말해 보는 '단어 팝콘 튀기기'부터 시작한다. 그 후 '팝콘의 맛을 고르듯' 단어를 고르고, 팝콘에 카라멜 소스를 묻혀 '요리하듯' 어울리는 단어를 찾아 연상해 본다. 마지막에는 팝콘을 '맛보듯' 앞에서 나온 단어들로 질문을 만든다.

「단어 팝콘 오디션」 기법

- 준비물 : 그림책 『낱말 공장 나라』
- 어떤 기법일까?
  그림책의 키워드를 골라 질문을 만드는 기법
- 어떤 순서로 할까?
  ① 단어 팝콘 튀기기 - 그림책을 가장 잘 표현하는 단어들 말해 보기
  ② 단어 팝콘 고르기 - 핵심 단어 뽑기
  ③ 단어 팝콘 요리하기 - 뽑힌 단어를 보고 연상되는 단어 말해 보기
  ④ 단어 팝콘 맛보기 - 단어와 단어를 더해 질문 만들기

① 단어 팝콘 튀기기 - 그림책을 가장 잘 표현하는 단어들 말해 보기

"이 그림책을 가장 잘 표현할 수 있는 단어를 말해 보는 것부터 시작하자."

아이들은 그림책을 읽고 머릿속에서 팝콘처럼 톡톡 튀어 오르는 단어를 이야기했다. 실제로 아이들에게 팝콘의 이미지를 떠올리며 영상을 보여 주고 시작하는 것도 좋았다. 아이들은 책 제목에서 단어를 찾기도 하고, 책에서 여러 번 언급된 단어를 찾기도 했다. 하지만 그림책을 가장 잘 표현할 수 있는 단어를 말해야 한다는 압박에 힘들어하기도 했다. 이럴 때는 기억에 남는 단어나 재미있었던 단어를 말해도 좋다고 설명하며 생각의 범위를 넓혀 주었다.

그림책을 읽고 단어를 생각하는 처음 과정은 브레인스토밍에 가까웠다. 자유롭게 여러 단어를 말하면서, 생각나지 않던 아이디어나 단어가 생각나기도 했다. 이 과정은 단어의 질보다 양에 초점을 맞추며 비판을 자제하고 받아들이는 분위기 속에서 진행했다.

예를 들어 앞에서 언급한 그림책 『낱말 공장 나라』를 읽고 아이들은 다양한 단어를 말했다. 제목에도 언급된 '낱말', 중요한 소품인 '곤충망', 필레아스의 상황을 표현한 '가난'이라는 단어도 등장했다. 그림책에 나오지 않은 단어도 언급되었다. 필레아스가 시벨에게 고백을 하는 장면에서 '진심'라는 단어가 나왔다. 감정을 표현하는 단어인 '외로움'과 '사랑', 말을 할 수 없는 상황에서 느끼는 감정인 '무기력'도 등장했다.

② 단어 팝콘 고르기 - 핵심 단어 뽑기

첫 번째 활동을 통해 다양한 단어가 나왔다면, 그 단어들 중 핵심 단어를 골라 볼 차례였다. 아이들이 말한 단어를 칠판에 쭉 써서 살펴 볼 수 있게 하고, 생각할 시간을 줬다. 그리고 물어봤다.

"이 그림책이 말하고자 하는 것(주제)을 가장 잘 표현한 단어 두세 개를 골라 볼까?"

이 과정은 '팝콘 고르기'이라고 이름 지었다. 팝콘처럼 수없이 나온 단어 중 마음에 드는 단어에 투표를 했다. 단어 팝콘 튀기기 과정에서는 아이들이 그 단어를 왜 생각했는지 딱히 이유를 물어보지 않았다. 이유를 대답하기 시작하면 생각에 브레이크가 걸리는 경우가 많기 때문이었다. 반면 단어 두세 개를 고르는 팝콘 고르기 과정에서는 그 단어를 고른 이유를 간단하게나마 물어봤다. 중요 단어로 '진심'을 뽑은 명진이가 먼저 대답했다.

"사랑이라는 말을 사용하지 않아도 전해지는 필레아스의 진심이 이 그림책에서 전하고자 하는 가장 중요한 내용인 것 같아서요."

호재는 '낱말'이라는 단어를 골랐다.

"이 그림책의 배경은 낱말을 돈을 주고 사야지만 말을 할 수 있는 나라잖아요. 낱말이 얼마나 중요한 가치가 있으면 돈을 주고 사고팔기까지 하겠어요. 그래서 가장 중요한 단어는 낱말이라고 생각해요."

『낱말 공장 나라』를 읽고 나온 30여 개 단어 중 우리 반에서 뽑힌 단어는 '진심', '낱말', '가난' 세 개였다. 이 중 진심이 많은 표를 얻었다. 이 단어로 팝콘 요리하기 활동을 진행했다.

③ 단어 팝콘 요리하기 - 뽑힌 단어를 보고 연상되는 단어 말해 보기

'팝콘 요리하기' 활동은 이미 나온 핵심 단어에 자기의 입맛에 맞는 단어를 더해 생각해 보는 2차 브레인스토밍 과정이다.

"진심과 관련 있는 단어는 무엇이 있을까?"

뽑힌 키워드로 단어를 말해 보았더니, 그림책 내용에 얽매이지 않고 아이들의 삶과 관련 있는 단어들이 나오기 시작했다. 그 단어들은 아이들이 평소 진심에 대해 어떻게 생각하는지 알 수 있는 말이었다. '거짓'(진심의 반대말이라고 생각해서), '믿음'(진심을 전하면 믿음이 생겨서), '전달'(진심은 전달되는 것이 어려워서), '100%'(정말 진심임을 강조할 때 앞에 붙이는 말) 등이었다. 하나의 키워드에서 연상되는 단어로 심상을 생생히 불러일으킨 후 질문을 만들면, 아이들 삶의 핵심을 건드리는 이야기가 나왔다.

④ 단어 팝콘 맛보기 - 단어와 단어를 더해 질문 만들기

'팝콘 요리하기'에서 나온 단어들은 어떻게 질문으로 탄생할까? 아이들은 '진심'이라는 핵심 단어와 진심에서 파생된 단어를 하나씩 연결 지어 보는 데에서 시작했다.

"단어와 단어를 연결 지어 질문을 만들어 볼까?"

질문을 만들기 위해 사칙 연산 기호인 더하기(+)를 사용하여 마치 수학 공식처럼 단어와 단어를 연결했다. 처음에는 낯설어하던 아이들도 단순한 원리를 알자 질문을 쏟아 냈다.

진심+100퍼센트=
- 100퍼센트 진심이란 진짜 있는 것일까?
- 말로 진심을 100퍼센트 전달하기가 가능할까?
- 내가 100퍼센트 진심을 느낀 적이 있다면 언제일까?

진심+전달=
- 진심을 전달하는 가장 쉬운 방법은 무엇일까?
- 진심을 함부로 전달해도 될까?

    평소에 관심 있던 키워드를 엮어 아이들은 자유롭게 질문을 만들었다. 질문을 만들기 어려워하는 아이들에게 단어 팝콘 요리하기 활동에서 진심의 반대말이라고 꼽힌 단어인 '거짓'을 추천했다. 반대말에 관한 질문은 개념을 명확히 하는 데 도움이 되며, 다양한 상황을 상상하는 기반이 되기 때문이다.

진심+거짓=
- 진심의 반대말은 거짓일까? 그렇게 생각한다면 그 이유는?
- 우리는 다른 사람들에게 진심을 더 많이 보여 줄까, 거짓을 더 많이 보여 줄까?
- 거짓말도 진심을 담아서 할 수 있을까?

    그림책의 메시지와 닿아 있는 단어를 함께 선택하고 말해 보는 것만으로도 삶에 관한 질문에 한 발짝 가까이 다가설 수 있었다. 또한 문장 대신 단어로 글의 핵심을 찔러 보는 활동은 초등 저학년 아이들도 잘 해냈을 만큼 쉽고 간단하다는 점에서 활용도가 높다고 할 수 있다.

5 | 질문을 성격에 따라 묶어 보아요
「거미줄 뻗기」

아이들과 그림책을 읽고 질문을 만들다 보면 수많은 질문 중 어떤 것을 먼저 다루고 어떤 것을 나중에 다뤄야 할지, 질문들을 어떻게 분류해야 할지 고민에 휩싸이게 된다. 한정된 수업 시간 동안 모든 질문을 다룰 수는 없기에, 대충 비슷한 질문들을 묶어 대답해 보는 형식으로 수업을 진행하면 '이렇게 분류해서 이야기하는 게 맞나?' 하는 생각이 든다.

    스무 명의 아이들과 수업을 하면 스무 개의 질문이 나왔다. 이 질문을 각각 하나씩 이야기하자면 일주일이 지나도 부족했다. 그래서 아이들이 그림책을 읽고 만든 질문을 크게 네 종류로 나눴다. 사실 질문, 가치 질문, 적용 질문, 종합 및 기타 질문이었다.[3] 질문을 구분할 수 있는 명확한 기준을 갖고 있으면, 수업 시간에 어떤 쪽에 더 비중을 두어 진행할지 그 방향을 더 쉽게 정할 수 있었다.

---

3   질문의 구분 및 적용은 『질문이 살아있는 수업』(김현섭, 수업디자인연구소, 2015)을 참고하여 재구성하였다.

아이들이 만든 질문을 이 네 가지로 구분해 순서대로 진행해도 좋지만, 이 중 한두 개만 골라 그것에 집중하여 진행해도 좋다.

> 「거미줄 뻗기」 기법
>
> ● 준비물 : 그림책 『방귀 혁명』
> ● 어떤 기법일까?
>   아이들이 만든 질문을 네 가지로 나누어 분류해 보는 기법
> ● 어떻게 질문을 분류할까?
>   질문의 성격에 따라 사실 질문, 가치 질문, 적용 질문,
>   종합 및 기타 질문으로 나눔

질문	뜻
사실 질문	책의 내용이나 이야기 속 정보를 확인하는 질문.
가치 질문	책을 읽고 찾은 가치 단어를 보고 생각한 질문.
적용 질문	책의 이야기나 상황을 지금의 나 혹은 내가 속한 집단과 사회에 적용하여 묻는 질문.
종합 및 기타 질문	책의 결말과 책의 전체적인 메시지에 대한 질문과 그 외 질문.

그림책 『방귀 혁명』을 읽고 아이들이 만든 질문을 이 네 가지 범주로 구별해 보았다. 『방귀 혁명』의 이야기는 어느 날 갑자기 방귀 금지법이 생기면서 시작된다. 마음대로 방귀를 못 뀌자 괴로워하는 사람들 사이에서 오직 단 한 사람, 숙이 씨만 방귀를 뀐다. 사람들도 숙이 씨를 따라 하나둘 방귀를 뀌기 시작하고, 경찰들은 방귀 금지법을 어긴 사람들을 쫓아다니며 체포한다. 마침내 숙이 씨를 동조하

는 사람들과 경찰들이 대치하고, 숙이 씨는 힘을 주어 아주 큰 방귀를 터뜨린다. 이 충격에 경찰들도 참고 있던 방귀를 뀌게 되고, 모두 배 속이 시원해짐을 느낀다. 결국 방귀 금지법은 폐지된다.

『방귀 혁명』
(최윤혜 글·그림, 시공주니어, 2021)

아이들이 재미있어하는 '방귀'를 소재로 한 이야기가 유쾌하다. 자유가 얼마나 소중한 가치인지, 부당한 것을 부당하다고 말할 수 있는 용기가 얼마나 멋진 것인지 생각해 볼 수 있다.

단어 팝콘 오디션 기법을 통해 나온 이 그림책의 핵심 단어는 '방귀'와 '자유'였다. 그에 따라 아이들이 만든 질문 스무 개를 「거미줄 뻗기」 기법의 네 기준에 따라 분류하고 다뤄 보았다. 분류할 때는 칠판에 아이들이 만든 질문을 붙여 놓고 함께 질문을 보면서 각 카테고리에 해당하는 질문을 선으로 연결하거나 위치를 변경하면서 진행한다. 선을 긋고 모으는 것이 거미가 거미줄을 치고, 먹이를 모아 두는 모습과 비슷해 「거미줄 뻗기」 기법이라고 이름을 붙였다.

① 사실 질문

사실 질문은 책의 내용이나 정보를 확인하는 질문이다. 아이들이 만든 질문 중 사실 질문은 다음과 같았다.

- 숙이 씨는 방귀 뀔 자유를 찾기 위해 어떻게 했나?
- 방귀를 뀌는 사람들을 막기 위해 왕집게를 사용한 이유는 무엇일까?

아이들과 질문수업을 할 때는 사실 질문을 가장 먼저 다뤘다. 사실 질문에 답하는 과정을 통해서 그림책의 내용을 제대로 이해할 수 있기 때문이었다.

② 가치 질문

가치 질문은 책을 읽고 찾은 가치 단어를 보고 생각한 질문이다. 아이들이 뽑은 핵심 단어인 '자유'가 이미 가치를 담은 단어였기에 그대로 진행했다. 만약 아이들이 뽑은 핵심 단어가 가치와 관련이 없을 때는, 후보 단어 중 가치와 관련된 단어를 살려 질문 만들기를 진행했다.

- 자유의 한계는 어디까지일까?
- 규칙을 지키지 않고 얻는 자유는 올바른 것일까?

가치에 관한 생각은 각자 다양하다. 아이들이 만든 가치 질문은 가치 토론으로도 이어질 수 있었다. 질문으로 시작해 해당 개념을 깊이 생각해 보는 시간은 가치 판단의 기준을 마련하는 계기가 될 수 있고, 더 나아가 삶의 태도를 정립할 수 있는 기회가 되었다.

③ 적용 질문

적용 질문은 책의 이야기나 상황을 지금의 나 혹은 내가 속한 집단과 사회에 적용하여 묻는 질문이다.

- 만약 방귀 금지법이 생긴다면 나는 어떻게 할까?
- 우리 반이나 우리나라에도 방귀 금지법과 같은 부당한 법이 있을까?

적용 질문에 대답하기 위해서는 나의 생각을 정리해야 하며, 자효조시도 해야 하는 경우가 있다. 이러한 특성의 질문은 대답할 시간을 충분하게 주어야 의미 있는 답변이 이어질 수 있다.

④ 종합 및 기타 질문

종합 질문은 책의 결말과 책의 전체적인 메시지에 관한 질문이다. 결말에 관한 질문을 만들기 위해서는 우선 주제 문장을 정리하는 과정이 필요하다. 아이들이 뽑은 핵심 단어인 '자유'를 넣어 이 책의 주제 문장을 같이 궁리해 보았다.

"'자유'라는 단어를 넣어 이 책의 주제를 말해 볼까?"

"선생님, '주제'가 뭐예요?"

"'주제'는 이 책이 말하고 싶은 이야기야."

"선생님, 제 생각에는 '진정한 자유를 얻으려면 용기가 있어야 한다.'인 것 같아요."

"제가 생각하는 주제는 '자유는 쉽게 얻어지는 것이 아니다.'인 것 같아요."

그림책의 메시지에 가까운 이야기들이 나와 이번에는 아이들이 말한 주제 문장을 질문으로 바꾸어 보았다.

진정한 자유를 얻으려면 용기가 있어야 한다.
→ 왜 진정한 자유를 얻으려면 용기가 필요할까?
→ 자유와 용기는 무슨 상관이 있을까?

자유는 쉽게 얻어지는 것이 아니다.
→ 왜 자유는 쉽게 얻을 수 없을까?
→ 자유는 어떤 점이 좋길래 힘들더라도 애써 얻으려고 할까?

그 외에 나온 질문 중에도 아이들이 흥미를 느낄 만한 내용이 많았다. 이런 '기타 질문'은 따로 모아 두고 아이들이 친구들과 꼭 답변을 나눠 보고 싶어 하는 것을 뽑아 한두 개쯤 이야기해도 좋다.

- 방귀 금지법은 갑자기 왜 만들어졌을까?
- 왜 사람들의 방귀 소리는 다양할까?

「거미줄 뻗기」 기법으로 질문의 종류를 나누고, 수업을 진행하면서 유의할 점이 있다. 바로 아이들이 만든 모든 질문을 다 다루겠다는 욕심을 버리는 것이다. 시간도 부족하고 수업의 목표도 흐려질 수 있다.

따라서 질문을 분류한 뒤에는 아이들이 중점적으로 다루고 싶은 질문을 투표하여 고르게 해 그것만 다루어도 충분하다. 혹은 선생님이 어떤 것에 중점을 두어 질문수업을 진행할지 미리 기준을 세워 두고, 우선적으로 볼 질문을 골라 수업을 해도 좋다.

6 | 사실 관계 파악도 중요해요
「탐정의 사건 파일 / 객관식 문제왕」

그림책 질문수업을 하다 보면 상대적으로 사실 질문에 소홀하게 된다. 예를 들어『토끼와 거북이』를 읽고 '토끼와 거북이 중에 누가 이겼나요?'라는 사실 질문을 잘 다루지 않는다. 이야기를 조금만 주의 깊게 읽으면 답을 바로 알 수 있는 내용이기 때문이다.

그러나 깊게 들어가 살펴보면 사실 질문은 단순히 정답을 확인하는 질문이 아니다. '알고 있는 내용이 무엇인지' '어떻게 이해했는지' 물어보는 질문도 사실 질문이다. 그렇기 때문에 사실 질문은 그림책 이해의 기초가 되는 경우가 많다.

앞에 예를 든『토끼와 거북이』이야기에 대해 핵심을 찌르는 사실 질문을 예시로 든다면, 다음과 같은 질문을 만들 수 있을 것이다.

- 토끼와 거북이는 왜 경주를 시작했을까?
- 토끼가 경주에서 진 까닭은 무엇일까?

이 질문은 이야기 속에 답이 다 나와 있지만 등장인물의 동기와 행동이 어떤 결과를 불러오는지 묻는다는 점에서 주제와 밀접한 관련이 있는 내용이다.

　핵심을 찌르는 사실 질문을 잘 만들 수 있으면 사회 교과서나 과학 교과서 등 정보가 많이 등장하는 책에서도 자신이 필요로 하는 핵심 정보를 쉽게 얻을 수 있다. 신기하게도 아이들은 핵심 내용에 밑줄을 치고 옮겨 적어서 기억하라고 할 때보다, 해당 정보를 문제로 만들어 보게 했을 때 훨씬 오래 기억한다.

　예를 들면 '구석기 시대에는 주로 이동 생활을 했다.'라는 문장은 잘 기억하지 못한다. 반면 '주로 이동 생활을 했던 시대는 언제인가요? – ①구석기 ②신석기 ③청동기 ④철기'처럼 문제를 만드는 식으로 내용을 약간만 변형하면, 그냥 문장만 읽었을 때보다 훨씬 오래 기억한다.

　사실 질문을 놀이하듯 즐겁게 만들고 답하는 방법은 무엇이 있을까? 여기서는 글의 성격에 따라 두 가지 방법을 소개한다. 이야기 중심의 그림책으로 사실 질문을 만들 때는 「탐정의 사건 파일」기법을, 지식·정보 중심의 그림책으로 사실 질문을 만들 때는 「객관식 문제왕」기법을 활용한다. 특히 「객관식 문제왕」기법은 평소 교과서 학습에서도 응용이 가능하다.

　탐정이 사건을 파헤칠 때처럼 인물과 사건에 집중하여 질문을 만드는 「탐정의 사건 파일」기법은 아이들이 특히나 재미있어하는 방법이다. 또한 평소 많이 접하는 객관식 문제를 직접 만들어 보는 「객관식 문제왕」기법 역시 '문제왕'을 뽑아 보면서 승부욕을 자극하게 되어 아이들이 매우 흥미로워한다.

① 탐정의 사건 파일 기법을 사용해 사실 질문 만들기

> 「탐정의 사건 파일」 기법
>
> ● 준비물 : 그림책 『눈보라』
> ● 어떤 기법일까?
>   그림책 속 인물과 사건에 집중하여 질문을 만드는 기법
> ● 어떤 순서로 하면 될까?
>   ① 주요 등장인물 찾아보기
>   ② 기억에 남는 사건 세 가지 써 보기
>   ③ 가장 중요하다고 생각되는 사건을 골라 이유 써 보기
>   ④ 육하원칙을 사용해 질문 만들기

　책의 핵심을 파고드는 질문을 만들기 위해서는 이야기 속 사건의 흐름을 정확히 파악하는 것이 우선이다. 아이들과 먼저 사건 파일 만들기를 해 보기로 했다. 사건 파일은 인물과 사건에 대한 세 가지 질문에 짧은 대답을 채워 넣는 형식이다. 사건 파일을 써 보며 마치 탐정이 된 것 같은 느낌을 주면 아이들이 매우 흥미진진해한다.
　함께 읽은 그림책은 배고픈 북극곰의 이야기를 담은 그림책 『눈보라』이다. 빙하가 녹아내리는 북극에서 굶주림에 시달리는 북극곰 '눈보라'는 허기진 배를 채우기 위해 사람들이 사는 마을을 찾는다. 그런 눈보라를 맞이하는 것은 북극곰을 두려워하는 사람들의 고함과 무자비하게 날아드는 돌, 그리고 위협적으로 번뜩이는 총구다. 쓰레기통을 뒤지며 삶을 이어 가던 눈보라는 우연히 신문에서 사람들에게 사랑받는 곰, 판다를 보게 된다. 눈과 코, 팔, 다리에 검은 칠

을 하고, 눈보라는 마을의 명물로 사랑받게 된다. 그러나 정체가 들통나 다시 쫓기는 신세가 되어 버린다. 이 그림책을 읽고 유미는 다음과 같이 사건 파일을 작성했다.

> **1. 주요 등장인물은 누구인가요?**
> 북극곰 눈보라, 북극 마을 사람들
>
> **2. 기억에 남는 사건 세 가지를 써 보세요.**
> ① 눈보라가 먹이를 구하러 인간들이 사는 마을로 간 일
> ② 판다 사진이 실린 신문 기사를 보고 변장한 일
> ③ 정체가 들통나 쫓겨난 일
>
> **3. 세 사건 중 가장 중요하다고 생각되는 사건을 골라 보고 이유도 써 보세요.**
> ②번이라고 생각한다. 북극곰이 판다로 변장해 사랑받는 게 흔한 일이 아니기 때문이다.

『눈보라』
(강경수 글·그림, 창비, 2021)

환경 문제, 인간의 이기심, 차별과 편견 등 폭넓은 메시지를 담아냈다. 작가는 한 인터뷰에서 흰곰을 표현할 때 3차원 그래픽처럼 각진 단면을 활용, 입체적으로 구현하려 했다고 이야기했다.

사건 파일을 작성한 뒤에는 가장 중요하다고 생각되는 사건에 관해 사실 질문을 만들어 본다. 이때 육하원칙인 '누가, 언제, 어디서, 어떻게, 무엇을, 왜'를 필요에 따라 적절히 사용하면 편하다.

- 왜 눈보라는 판다로 변장했을까?
- 눈보라는 어떻게 판다로 변장했을까?

- 판다로 변장한 눈보라는 어떤 일을 겪었나?

이처럼 책에서 답을 확인할 수 있는 방향으로 질문을 만들어 보고, 대답하며 이야기를 파악할 수 있다.

② 객관식 문제왕 기법을 사용해 사실 질문 만들기

> 「객관식 문제왕」 기법
>
> ● 준비물 : 지식·정보 그림책
> ● 어떤 기법일까?
>   책을 읽고 가장 흥미로웠던 사실이나 새로웠던 사실에 대해
>   질문을 만들어보는 기법
> ● 어떤 순서로 할까?
>   ① 책을 읽으며 가장 새로웠던 사실이나 흥미 있던 사실 적어 보기
>   ② 객관식 문제 만들기
>   ③ 객관식 보기는 친구들이 헷갈려 할 만한 것으로 만들기

'사실 질문'이 대활약을 할 수 있는 그림책이 있다. 바로 지식·정보 그림책이다. 아이들이 낯설어하는 다양한 정보를 그림과 함께 글로 한눈에 볼 수 있도록 감각적으로 설명해 주고 있어 새로운 지식을 배우기에 유용하다.

아이들과 함께 보기 좋은 지식·정보 그림책으로 보림출판사에서 나온 'The big book' 시리즈를 추천한다. 바다 동물, 야생동물, 새, 꽃 등 여러 분야의 지식을 아름다운 그림과 함께 소개한 이 책들에는 재미있는 사실이 많이 등장한다. 대부분의 야생화는 꽃을 피

워 씨앗을 만들고 나면 죽는다거나, 효량이 한 마리는 열 살짜리 어린이 열 명만큼 무겁다거나, 홍학은 더우면 자기 다리에 오줌을 싸서 몸을 식힌다는 등의 지식이 간결하게 설명되어 있다.

「탐정의 사건 파일」 기법과 달리 「객관식 문제왕」 기법으로 사실 질문을 만들 때는 '중요하다고 생각되는 것'이 아닌 '가장 새로웠던 사실' 혹은 '가장 흥미로웠던 사실'을 적어 보고 질문을 만들게 한다. 이때 만드는 질문은 주관식보다 객관식이 더 좋다. 객관식 보기를 만들어 보며 친구들이 헷갈릴 문항을 넣는 과정에서 알맞은 정보에 관한 이해도가 더 높아질 수 있기 때문이다.

'대부분의 야생화는 꽃을 피워 씨앗을 만들고 나면 죽는다.'라는 문장을 보고 재민이는 다음과 같은 문제를 만들었다.

> **대부분의 야생화는 언제 생명이 끝날까?**
> ① 싹이 났을 때
> ② 줄기가 자랐을 때
> ③ 꽃을 피워 씨앗을 만들고 난 후
> ④ 추운 겨울이 왔을 때

꽃이 겨울에 죽는다고 생각했던 평소 생각을 담아 보기를 만들어 보니, 책을 읽지 않은 사람에게는 헷갈릴 만한 문제가 완성되었다. 정진이는 '홍학은 더우면 자기 다리에 오줌을 싸서 몸을 식힌다.'라는 문장으로 다음과 같은 문제를 만들었다.

> **홍학이 더우면 하는 일은?**
> ① 날개를 푸드덕거린다.
> ② 그늘이나 물가로 피신한다.
> ③ 자기 다리에 오줌을 싸서 몸을 식힌다.
> ④ 자기 몸에 똥을 묻혀 몸을 식힌다.

답과 비슷한 보기를 만드는 과정에서 정보에 대한 이해가 높아지는 경험을 할 수 있었다. 또한 반 아이들과 함께 직접 만든 퀴즈를 풀어 보면서 '왕'을 뽑기도 하는데, 아이들은 승부욕을 느끼며 눈여겨보지 않았던 사실에도 집중하여 참여했다. 또한 질문을 만들고 문제를 풀어 보는 과정을 통해 몰랐던 것도 새롭게 알게 되어 유익한 시간을 보낼 수 있었다.

7 | 삶의 태도를 생각해 보아요
「나만의 가치, 감정 연꽃 만들기」

그림책 질문수업을 하는 가장 큰 이유는 무엇일까? 바로 그림책이 다루는 다양한 가치와 감정을 질문을 통해 더 깊이 생각해 보기 위함이다. 학교에서는 아이들이 나름의 가치 기준을 발견하고 이야기 나눌 수 있는 시간이 별로 없다. 수업 시간에 교과서 진도를 나가고 평가만 하기도 바쁘다. 그러다 보니 교과서에서 벗어나 그림책 한 권을 읽고 질문을 함께 나누는 시간은 아이들에게 '이전에 없던' 경험을 제공한다. 바로 나와 세상에 관해 생각하고 말할 수 있는 시간이다.

아이들이 가치를 발견하고 설정하는 과정을 살펴보면 안타깝게도 미디어나 대중매체 속 이미지에 휘둘리는 경우가 많다. 광고를 보고 '부자가 돼서 돈 펑펑 쓰며 살 거야.'라며 막연한 성공을 동경하거나 유튜브를 보고 폭력적인 언어나 행동을 그대로 따라 하기도 한다. 이렇듯 일방적인 이미지와 언어를 판단 없이 받아들이는 태도는 아이들이 스스로 생각하고 결정하게 하는 힘을 좀먹는다.

아이들에게 자기 생각을 이야기할 '장'면 만들어 준다면 삶의 방향을 스스로 정하도록 도울 수 있다. 그중에서도 특히 책을 읽은 뒤 가치나 감정 질문을 만들고 서로 이야기해 보는 활동은 아이들이 삶을 살아가는 데 중요한 나침반을 발견하게 해 준다. 그럼 이렇게 그림책이 담고 있는 가치와 감정에 대한 질문을 만드는 방법으로 「나만의 가치, 감정 연꽃 만들기」 기법을 소개한다.

「나만의 가치, 감정 연꽃 만들기」 기법

- ● 준비물 : 그림책 『감기 걸린 물고기』
- ● 어떤 기법일까?
  그림책이 담고 있는 가치와 감정에 대한 질문을 만들어 보는 기법
- ● 어떤 순서로 할까?
  ① 다양한 가치, 감정 단어 말해 보기
  ② 뽑힌 단어에 대한 질문 만들고 대답해 보기
  ③ 나만의 정의와 답이 담긴 가치, 감정 연꽃 만들기

그림책 『감기 걸린 물고기』에는 욕심 많은 아귀가 나온다. 아귀는 물고기 떼를 잡아먹고 싶지만, 똘똘 뭉쳐 헤엄치는 노랑, 빨강, 검정, 파랑, 회색 물고기들을 공격하기는 어렵다. 어떻게 할 수 있을까 궁리하던 아귀는 물풀 사이에 숨어 조그만 목소리로 빨간 물고기가 감기에 걸렸다고 소문을 낸다. 게다가 열이 나서 온몸이 빨개졌다고 그럴듯한 설명까지 덧붙인다. 소문은 물고기들의 입을 통해 점점 부풀려지고 심각해진다. 빨간 물고기들은 무리에서 떨어져 나오게 되고, 아귀는 입을 쩍 벌리고 기다리다가 빨간 물고기들을 날

름 잡아먹는다. 이기기 계속 만들이 내는 거짓 소문이 퍼져 가면서 물고기 떼는 아무렇지도 않게 서로를 의심하고 다른 색깔 물고기들을 줄줄이 쫓아내기 시작한다.

『감기 걸린 물고기』
(박정섭 글·그림, 사계절, 2016)

'소문'이 우리에게 어떤 영향을 미치는지 재미있는 우화를 통해 생각해 볼 수 있다. 미디어 리터러시 교육을 할 때에 활용해도 좋은 그림책이다.

이 이 이야기는 단순해 보이지만 아이들에게 여러 층위의 가치 판단을 요구한다. 그럴듯해 보이는 거짓과 연약한 진실 사이에서 어떤 것을 선택할 것이며 그 근거는 무엇인지 묻는다. 또한 서로 다른 존재가 떼를 이루어 움직이는 공동체적 삶과 각자도생을 추구하는 삶 사이에서 어떤 것이 더 현명한 방식인지도 묻고 있다. 그리고 작은 물고기들 사이에 교차하는 여러 감정이 말 주머니 속에 생생하게 표현되어 있다. 이렇게 여러 가지 가치와 감정을 다룬 그림책을 아이들 각자의 시선에서 질문과 이야기로 풀어내 보기 위해 「나만의 가치, 감정 연꽃 만들기」 기법을 사용해 보았다.

① 다양한 가치, 감정 단어 말해 보기

감정이나 가치 등 추상적인 개념을 표현하는 데 서툰 아이들을 위해 교사가 관련 단어를 목록으로 정리해 제시하고 아이들에게 질문하면 좋다.

"이 그림책에 나온 가치, 감정은 어떤 것이 있는 것 같니?"

아이들은 아래의 가치 목록에 있는 단어를 보며 그림책과 연결되는 말들을 찾았다. 진심, 용기, 협동, 용서, 우정 등이 뽑혔다.

감사	배려	유연성	**진심**
결의	변화	의지	진정성
겸손	보호	이해	창의성
공감	봉사	인내	책임감
관용	부지런함	인정	충직
기뻐함	사랑	자신감	친절
꿈 갖기	상냥함	자유	평등
끈기	신뢰	자율	평온함
나눔	신용	재치	평화
너그러움	아름다움	절제	한결같음
다양함	어울림	정돈	헌신
도움	열정	정의로움	**협동**
도전	예의	정직	화합
목적 의식	**용기**	존중	확신
믿음직함	**용서**	중립	흔들리지 않는 생각
발견	**우정**	지지하기	희망

이번에는 아래 목록에서 감정 단어를 찾아볼 차례였다. 분노한, 짜증 난, 괘씸한, 허무한, 후회하는 등의 단어가 뽑혔다.

간절한	두려운	뿌듯한	지루한
감동한	따분한	상쾌한	질투하는
감사한	만족스러운	서운한	**짜증 난**
고통스러운	모욕적인	슬픈	창피한
공허한	못된	신나는	초조한
괘씸한	무서운	실망한	치사한
궁금한	무시당한	심심한	친근한
귀찮은	무안한	아쉬운	탐나는
그리운	뭉클한	아픈	행복한
기막힌	미안한	안심한	**허무한**
기분 나쁜	반가운	안타까운	혼란스러운
기쁜	부끄러운	어이없는	화나는
놀라운	부러운	역겨운	후련한
당황한	**분노한**	외로운	**후회하는**
대견한	불만스러운	절망한	흐뭇한
덤덤한	불안한	조마조마한	희망에 찬

감정 리스트는 『우리 각자의 미술관』(최혜진, 휴머니스트, 2020)과 비폭력 대화 감정 카드의 목록을, 가치 리스트는 『자존감, 효능감을 만드는 버츄 프로젝트 수업』(권영애, 아름다운 사람들, 2018)에 소개된 목록을 참고하여 재구성하였다.

"그 가치 / 감정 단어를 뽑은 이유는 무엇이니?"

가치 단어 중 '용기'를 뽑은 은희가 말했다.

"마지막에 소문에 대해 용기 있게 맞서지 않았더라면, 다들 죽었을 것이니까요."

가치 단어 중 '협동'을 뽑은 진수가 이유를 말했다.

"큰 아귀는 작은 물고기 여럿이 협동하지 않으면 이길 수 없어서요."

감정 단어 중 '분노한'을 뽑은 영주가 말했다.

"서로 감기 걸렸다고 의심할 때도 분노가 느껴졌고 마지막 부분에서 아귀에게 속았다는 사실에 분노한 것처럼 느껴졌어요."

감정 단어 중 '허무한'을 뽑은 시환이가 말했다.

"아귀에게 속았다는 사실을 알고 허무한 감정을 느꼈어요."

"이 그림책을 가장 잘 나타내는 가치, 감정 단어는 무엇이라고 생각하니?"

투표를 통해 그림책을 가장 잘 나타내는 가치 단어와 감정 단어로 각각 '협동'과 '분노한'이 뽑혔다.

② 뽑힌 단어에 대한 질문 만들고 대답해 보기

우선, 가치 단어인 협동과 관련해서 아이들이 생각한 연관 단어는 '역할, 같이, 해결, 의견, 도움, 쉬워짐, 어려움' 등이었다.

"단어와 단어를 연결 지어 질문을 만들어 볼까?"

먼저 '협동'과 관련 단어인 '해결' 그리고 '의견'을 짝지어 아이들이 만든 질문은 다음과 같았다.

- 협동+해결= 꼭 힘을 합쳐야만 문제를 해결할 수 있을까?
- 협동+의견= 협동할 때 내 의견이 받아들여지지 않으면 어떻게 해야 할까?

첫 번째 질문을 만든 수현이에게 그 이유를 물어보았다.

"그림책을 보면 물고기 떼가 뭉쳐야 아귀를 물리칠 수 있었는데, 꼭 그렇게 힘을 합쳐야만 문제가 해결되는 것인지 궁금해요."

지윤이가 답을 했다.

"세상에는 혼자 해결할 수 없는 문제가 너무 많아서 힘을 합치는 일이 중요할 것 같아요."

전통적으로 협동을 강조받으며 자라 온 아이들다운 대답이었다. 지윤이의 말이 너무나 당연했기 때문에 다른 반박은 나오지 않을 것 같았다. 하지만 첫 질문을 만든 수현이의 물음이 이어졌다.

"그런데 힘을 합쳐야 한다는 이유로 내 의견이 무시될 때는 어떻게 해야 돼요?"

"예를 들면 어떤 상황일까?"

"방 탈출 게임 하는데 제가 생각하는 탈출법이랑 친구들이 생각하는 탈출법이 다를 때요."

수현이의 질문에 지윤이가 다시 대답했다.

"그래도 다수의 의견에 따라야 한다고 생각해요. 많은 사람이 원하는 것이니까요."

"소수의 의견도 존중해야 할 때가 있다고 생각해요. 큰 힘을 들이지 않고 시도할 수 있는 것이라면 소수의 의견을 한번 적용해 보는 것도 나쁘지 않다고 생각해요."

"만약에 그럴 시간이나 힘이 없으면요?"

가치에 대해 이야기하다 보면 이렇게 뾰족한 결론이 나오지 않은 채 막히는 지점이 있다. 하지만 이런 상황도 의미가 있다고 생각한다. 집단 내에서 해결책이나 모두가 동의하는 묘안이 나오지 않는 경우, 우리 반은 컴퓨터실로 향한다. 협동에 관련된 다양한 자료를 찾아보고 자기 생각을 다시 정리하는 시간을 가졌다.

그럼 감정 단어인 '분노한'과 관련된 말은 어떤 것들이 나왔을까? 진정, 화, 폭발, 조절, 힘 같은 단어들이 나왔다. 중심 단어와 관련 단어를 짝지어 만든 질문은 다음과 같은 것이 있었다.

- 분노+힘= 분노가 가진 힘은 무엇일까?
- 분노+조절= 분노를 조절하기 위해 어떤 방법을 쓰면 좋을까?

첫 번째 질문은 형준이가 만든 것이었다. 이 질문에 윤정이가 대답했다.

"분노는 두 가지 힘이 있는 것 같아요. 나쁜 힘과 좋은 힘요. 나쁜 힘은 처음에 물고기들이 감기 걸렸다고 서로를 의심하고 미워하게 하는 힘이고요, 좋은 힘은 마지막에 아귀에 맞서 똘똘 뭉치는 힘이에요."

"분노가 서로를 갈라지게도 하고 뭉치게도 한다니 신기하구나. 이 분노의 좋은 힘을 사용하기 위해서는 분노 조절이 중요한 것 같은데, 분노를 조절하는 데 어떤 방법을 쓰면 좋을 것 같니?"

아이들의 다양한 답변이 이어졌다.

"내 분노를 이용하려는 사람이 없는지 살펴야 해요. 작은 물고기들의 분노를 아귀가 이용하는 걸 알았다면 분노를 조절할 수 있었을 거예요."

"분노하기 전에 우선 잠깐 멈춰서 생각하는 시간을 가지면 조절이 좀 더 쉬울 것 같아요."

가치와 감정 질문을 통해 아이들 나름의 생각과 가치관이 세상 밖으로 나왔다. 내가 하는 행동, 내가 할 행동의 의미와 가치를 아는 것은 중요하다. 내가 '협동'을 하고 있다고 인식하는 것과 그냥 되는 대로 행동하고 있다고 인식하는 것은 분명히 다르다. 분노 또한 마찬가지다. 내가 '분노'라는 감정을 느끼고 있음을 알고 그것을 질문으로 한번 생각해 봤을 때와 아닐 때, 나의 행동에는 변화가 생긴다.

③ 나만의 정의와 답이 담긴 가치, 감정 연꽃 만들기

이렇게 나눈 질문과 대답을 갈무리하는 방법은 무엇일까? 그림책 한 권에 관한 질문수업이 끝난 뒤, 연꽃 기법으로 질문과 답을 정리해 보았다. 연꽃 기법은 일본 크로바경영연구소의 마쓰무라 야스오가 개발한 것이며 연꽃 모양으로 아이디어를 도식화하는 사고 기법

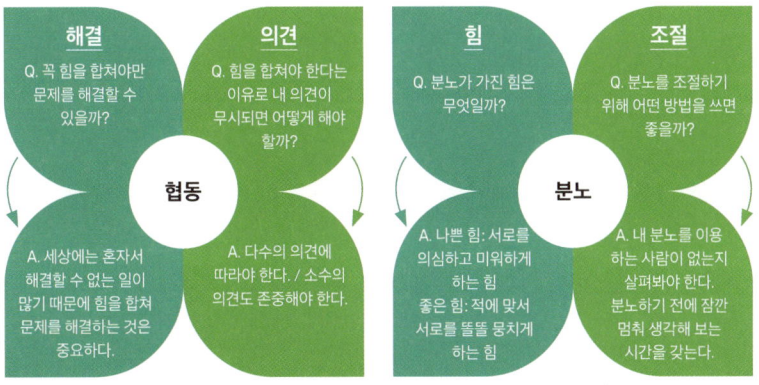

『감기 걸린 물고기』의 키워드를 연꽃 모양으로 도식화한 내용.

이다.

  이 연꽃 기법을 아이디어 발상이 아닌 아이디어 정리에 사용해 보았다. 연꽃의 중심부에 핵심 키워드 단어, '협동'과 '분노'를 쓰고, 꽃잎 모양에 관련 단어를 썼다. 관련 단어에서 나온 질문과 답변을 같은 열에 쓰면서 정리했다. 이때 관련 단어와 질문은 친구들과 중점적으로 나눈 것을 써도 좋고, 자신이 만든 질문을 바탕으로 정리해도 좋다. 연꽃 기법으로 질문과 답변을 정리하여 모아 두면, 나만의 포트폴리오가 완성된다. 그림책 한 권을 읽고 쌓아 온 나만의 가치, 나만의 감정에 관한 질문과 답변은 시간이 흘러도 아이들이 가진 훌륭한 자산이 되어 줄 것이다.

8 | 등장인물의 상황에 나를 대입해 보아요
「주인공 체인지」

"저 같으면 저렇게 안 할 거예요."

그림책 『친구의 전설』에서 자신의 꼬리에 자라난 민들레에게 함부로 대하는 호랑이를 보고 한진이가 말했다. 아이들은 종종 주인공에 자신을 대입시켜 말하고는 한다. 이런 이야기를 한다는 것은 그만큼 그림책 내용에 몰입해 있다는 증거이기도 하고, 그러면서도 주인공의 행동을 비판적으로 바라보고 있다는 의미이기도 하다.

주인공은 나와 비슷한 삶의 경험을 하기도 하지만 내가 전혀 겪어 보지 못한 새로운 경험을 하기도 한다. 주인공에 나를 대입시켜 바라보며 간접 경험을 하는 과정은 아이들의 성장에 큰 도움이 된다.

책 이야기나 상황을 지금의 나 혹은 내가 속한 집단과 사회에 적용하여 질문을 만들고 이야기를 나눠 보기 위해 어떤 방법을 사용하면 좋을까? 「주인공 체인지」 기법을 통해 아이들과 그림책 속 등장인물, 상황에 자신을 대입하는 활동을 해 보았다.

「주인공 체인지」 기법

- 준비물 : 그림책 『친구의 전설』
- 어떤 기법일까?
  책의 이야기나 상황을 나 혹은 내가 속한 집단과 사회에 적용하여 질문을 만드는 기법
- 어떤 순서로 할까?
  ① 그림책 상황에 '나' 대입하기
  ② 그림책 상황에 내가 속한 '집단' 대입하기

이 기법을 활용하며 함께 읽은 그림책은 앞에서도 언급한 이지은 작가의 『친구의 전설』이다. 그림책에 등장하는 호랑이는 "맛있는 거 주면 안 잡아먹지!"라며 말썽을 일삼는다. 그러다 보니 숲속 친구 누구도 호랑이에게 말을 걸지 않는다. 이런 외로운 호랑이의 꼬리에 어느 날 수다쟁이 꼬리 꽃(아마도 민들레 씨앗이 꼬리에 자리 잡고 싹이 튼 듯한)이 생긴다. 꼬리 꽃은 섬세한 배려로, 호랑이를 외면했던 친구들과 호랑이 사이를 회복시키고 호랑이에게 둘도 없는 친

『친구의 전설』
(이지은 글·그림, 웅진주니어, 2021)

'옛날옛날, 성격 고약한 호랑이가 살았어.'로 시작되는 이야기는 잠자리에서 푹 빠져 듣던 옛이야기처럼 스토리텔링의 힘, 이야기의 매력을 여실히 보여 준다. 작가가 이 책을 짓는 중에 반려견을 무지개다리 너머로 떠나보냈다는 이야기를 생각하면 더욱 뭉클하게 다가온다.

구가 된다. 하지만 호랑이는 덫에 걸리고 꼬리 꽃은 자신을 희생하여 호랑이를 구한다. 이 이야기를 읽고 아이들은 어떻게 '주인공 체인지'를 해 봤을까?

① 그림책 상황에 '나' 대입하기

적용 질문을 만드는 가장 쉬운 방법은 '만약'을 사용하는 것이다. 첫 번째로 '나'를 상황에 대입해서 **'나'**와 **'만약'**을 넣어 질문을 만들어 보았다.

> 1. 만약 나에게 꼬리 꽃 같은 친구가 있다면 누구일까?
> 2. 만약 내가 꼬리 꽃이라면 친구를 위해 희생할 수 있을까?
> 3. 내가 만약 호랑이처럼 숲속 친구들에게 왕따를 당하고 있다면 어떻게 할까?

이렇게 '나'에게 적용해서 묻는 질문은 크게 두 가지로 나뉜다. 첫 번째는 나의 **경험**을 묻는 질문이고, 두 번째는 **내가 어떤 생각을 할지, 어떤 행동을 할지** 묻는 질문이다. 나의 경험을 묻는 질문을 우선 다루면 나의 과거를 생각해 볼 수 있고, 그러다 보면 미래의 내가 닥칠 가상의 상황에서 어떻게 해야 할지 조금 더 명확해진다.

그럼 첫 번째, 나의 경험을 묻는 질문에 아이들이 어떻게 대답했는지 보자. 1번 질문이 나의 경험을 묻는 내용이다.

"제 꼬리 꽃 같은 친구는 영민이에요. 꼬리 꽃이랑 호랑이가 어느 날 갑자기 만난 것처럼 저희도 어느 날 갑자기 만나서 친해졌어요."

"제 꼬리 꽃 같은 친구는 주연이에요. 주연이는 제가 잘못하는 일이 있으면 제가 속상하지 않게 하면서 고치도록 도와줘요."

아이들은 자신의 소중한 친구를 되돌아보며 대답을 했다.

반면 자신에게 꼬리 꽃 같은 친구가 없다고 대답한 성우도 있었다. 성우의 대답을 듣고 다른 아이들이 이런 이야기를 해 주었다.

"저도 꼬리 꽃 같은 친구가 없어요. 꼬리 꽃 같은 친구가 그만큼 잘 없으니까 이 그림책도 '친구의 전설' 아닐까요? 전설은 잘 없는 이야기를 말하는 거잖아요."

"친구의 종류는 다양하다고 생각해요. 친한 틱톡 친구가 있는데요. 꼬리 꽃처럼 붙어 있지 않아도 저는 그 친구가 진짜 좋은 친구라고 생각하거든요. 이런 친구도 소중하니까, 꼭 꼬리 꽃 같은 친구가 아니라고 해도 주변 친구들의 장점을 보면 좋을 것 같아요."

2번과 3번 질문은 미래에 닥칠 가상의 상황에 대한 질문이다. 우선 2번 질문에 아이들이 어떤 답을 했을지 보자.

"내가 희생하지 않으면 둘 다 죽을 수 있기 때문에 하나의 목숨이라도 구하고 싶어요."

"친구도 중요하지만, 내가 죽으면 가족이 너무 슬퍼할 것이기 때문에 쉽게 결정할 수 없을 것 같아요."

누군가를 위해 희생하는 이야기는 아이들의 실제 삶과 밀접하게 맞닿은 질문이 아니기 때문에 아이들의 대답도 상식적인 선에 그쳤다.

반면, 아이들은 실제 삶과 큰 연관성이 있는 3번 질문에 어떻게 대답했을까?

"학폭위 열어서 왕따시킨 애들 다 혼내 줄 거예요."

"왜 왕따시키냐고 큰소리로 따져 물을 거예요."

"내 편인 친구들 모아서 똑같이 왕따시켜 줄 거예요."

아이들은 격양되어 흥분하기 시작했고 그렇게 내놓은 대응책에는 분노와 복수심이 가득했다. 이번에는 '나'에 대입했던 상황에서 한 걸음 물러나 내가 속한 '집단' 속에서 문제를 바라볼 차례였다.

② 그림책 상황에 내가 속한 '집단' 대입하기

내가 속한 집단을 상황에 대입하여 질문을 만들기 위해 '<u>만약</u>'을 기본으로 넣고, '<u>우리 반</u>', '<u>우리 가족</u>', '<u>우리나라</u>' 등을 넣어 질문을 만들어 보았다.

> 1. 만약 우리 반에 (책 앞부분, 친구를 괴롭히는) 호랑이 같은 아이가 있다면 어떻게 할까?
> 2. 만약 우리 반에 꼬리 꽃 같은 친구가 있다면 누구일까?

우선 첫 번째 질문, 우리 반에 호랑이 같은 아이가 있다면 아이들은 어떻게 대처하겠다고 이야기했을까? '내'가 왕따가 된다고 생각했을 때 그토록 분노했으니, 호랑이를 도와주겠다는 도덕적인 답만 내놓을 줄 알았다. 하지만 입장이 바뀌자 아이들은 정반대의 마음을 드러냈다.

"같이 놀지 않을 거예요. 자꾸 피해를 주니까요."

"가까이 오면 피하지는 않을 거지만 그렇다고 내가 먼저 가까이 하려고 하지도 않을 것 같아요."

나를 둘러싼 '집단'에 문제를 대입해 바라보면 또 다른 관점에서 생각하게 된다. 아이들의 이런 반응을 질책하는 대신 아이들이 만든 두 번째 질문으로 넘어가 보았다. 이야기 초반, 호랑이가 가까이

하고 싶지 않은 친구라면 꼬리 꽃은 가까이하고 싶은 친구다. 과연 우리 반에 꼬리 꽃 같은 친구가 있다면 누구이며, 호랑이와는 다른 어떤 특징이 있는지 알아보았다.

"제 생각에 우리 반의 꼬리 꽃 친구는 민주인 것 같아요. 친구들에게 어려운 일이 있을 때 항상 먼저 도와줘요. 지난번에 희연이가 다리 다쳤을 때도 가장 먼저 도와줬어요."

"형지는 늘 먼저 인사해요. 아침에 형지 인사를 받으면 기분이 좋아요. 형지랑 꼬리 꽃이랑 비슷한 것 같아요."

정반대의 성질을 가진 호랑이와 꼬리 꽃의 성격을 '우리 반'이라는 작은 집단 속에서 실제 예시로 비교해 보며 내가 어떻게 행동해야 좋을지 스스로 생각하고 의견을 나눌 수 있었다.

주인공 체인지 기법을 통해 그림책을 바라보면, 책 속 이야기가 나와 멀리 떨어진 것이 아니라 내가 속한 현실의 문제와도 밀접히 연관되어 있다는 것을 알게 된다. '만약'이라는 질문을 통해 이야기를 삶으로 끌고 들어오며 대화를 나눠 보자. 이 시간을 통해 아이들은 현실의 문제를 파악하고 해결하는 능력을 높일 수 있을 것이다.

9 | 질문수업을 정리해 보아요
「5분 대화 / 빈칸 엔딩」

질문수업의 마무리는 어떻게 하면 좋을까? '오늘 수업으로 깨달은 점이나 느낀 점을 말해 보세요.'라고 하면 아이들의 대답은 단순했다. '재밌었어요.' '배운 게 많았어요.'처럼 감상에 그치는 이야기였다. 과연 이런 대답이 수업의 훌륭한 마무리가 될 수 있을까?

질문수업을 정리하기 위한 효과적인 방법 두 가지를 소개한다.

「5분 대화」 기법과 「빈칸 엔딩」 기법

- 준비물 : 모래시계, 그림책 『틀려도 괜찮아』
- 어떤 기법일까?
  ① 「5분 대화」 기법은 한 사람의 발화 시간을 1분 정도로 정해서 짝과 번갈아 대화하는 방식이다.
  ② 「빈칸 엔딩」 기법은 문장의 중간과 끝을 비워 중간에는 자신이 뽑은 키워드를 바탕으로 빈칸을 채우는 방법이다.

① 5분 대화 기법

마무리 시간이라고 선생님이 질문의 주도권을 가져와 깨달은 점이나 느낀 점을 말해 보게 하는 것은 바람직하지 않다. 대신 처음 '짝'과 시작했던 그대로, 짝끼리 서로 질문과 대답을 하며 마무리를 하는 5분 대화 기법을 추천한다. 5분을 어떻게 사용하면 좋을지 교사가 간단히 가이드라인을 제시하면 아이들도 시간을 집약적으로 쓰게 된다.

1. 1분은 질문과 답을 쓴 칠판이나 공책을 보며 말할 것을 생각하는 시간
2. 1분은 내가 친구에게 오늘 배운 점을 말하는 시간
3. 1분은 친구가 나에게 오늘 배운 점을 말하는 시간
4. 2분은 오늘 수업에 관한 간단한 질문을 한 개 정도씩 묻고 답하는 시간

마치 놀이하듯 대화하기 위해 1분 모래시계를 사용하는 것도 좋다. 모래시계를 뒤집으며 정해진 시간만큼 발언권을 가지게 해 보자. '할 말이 없어요.' 하던 아이들도 시간의 제약이라는 영향을 받아 적극적으로 참여하는 모습을 볼 수 있다.

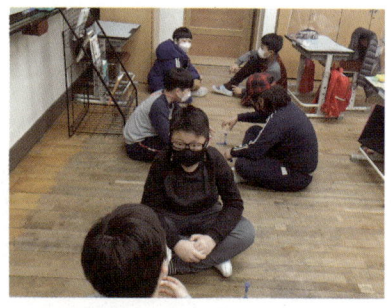

모래시계를 놓고 대화하는 아이들.

② 빈칸 엔딩 기법

그림책 질문수업은 그 그림책을 대표하는 키워드를 중심으로 진행된다. 지금까지 다양한 질문으로 키워드를 탐색해 봤다면, 빈칸 엔딩 기법은 그림책 속 키워드를 자기 나름의 언어로 표현하며 마무리하는 데 집중하는 방식이다.

우선 아이들과 그림책을 대표할 수 있는 단어를 뽑아 문장 형태에 알맞은지 넣어 본다. 예를 들어, 그림책 『틀려도 괜찮아』의 키워드를 '틀린다는 것'으로 잡았을 때 아래 내용과 같은 빈칸을 제시할 수 있다.

『틀려도 괜찮아』
(마키타 신지 글, 하세가와 토모코 그림, 토토북, 2006)

틀린 내용을 말할까 봐 발표도, 질문도 무서워하는 아이들이 많다. 제목에서도 알 수 있듯 이 그림책은 교실에서 손 들기 무서워하는 아이들을 다독여 준다. 선생님도 틀릴 때가 있는데 내가 틀렸다고 누가 웃거나 지적한들 어떤가? 자신감을 갖고 씩씩하게 배워 나가면 되는걸!

틀린다는 것은 ＿＿＿＿＿＿＿다. 왜냐하면 ＿＿＿＿＿＿＿＿＿＿＿＿＿＿＿＿.

영국이는 다음과 같은 문장을 썼다.

'틀린다는 것은 미로에서 다른 길로 가는 것과 같다. 왜냐하면 처음에는 길을 잃고 헤매지만 익숙해지면 성공할 것이기 때문이다.'

영국이는 낯선 것을 처음 배울 때를 미로에 들어가는 것으로 비유했다. 여러 길을 헤매고, 틀리고 난 뒤에야 익숙해지면 성공할 수 있다는 의미였다.

산들이는 이렇게 썼다.

'틀린다는 것은 오르막길이다. 틀릴 때는 힘들지만 틀림으로써 내리막 같은 성공의 길을 걷게 되기 때문이다.'

산들이는 틀릴 때 힘들다는 것을 인정했다. 그리고 그것이 쌓여 내리막길 같은 걷기 수월한 길 즉 성공으로 이어진다는 사실도 밝혔다.

대부분 아이들은 '틀린다는 것'을 생각하며, 지금은 힘들지만 나중에는 도움이 되는 것이라는 결론을 나름의 언어로 풀어냈다. 아이들의 비유는 질문으로 나눈 이야기를 단번에 정리하는 말 즉 주제와도 같았다. 아이들 나름의 독창적인 비유로 표현하는 문장 하나는 그림책을 대표하는 문장으로도 손색이 없었다.

3

1. 질문수업을 시작할 때
- 1-1 책 제목을 활용한 질문 – 요시타케 신스케의 '이게 정말~?' 시리즈, 『커다란 질문』
- 1-2 그림을 활용해 질문 만들기 『구름공항』『낙서가 예술이 되는 50가지 상상』
- 1-3 질문 대화가 필요한 이유는? 『소년과 두더지와 여우와 말』, '생각하는 개구리' 시리즈

2. 나 자신 살펴보기 (진로 교육이 필요할 때)
- 2-1 [성격] 나다움과 자립 『내 안에는 사자가 있어, 너는?』『노를 든 신부』
- 2-2 [감정] 감정과 행동 『아 진짜』『앵거게임』
- 2-3 [시간] 나의 역사, 나의 현재 『나는 한때』『때』『오늘 상회』

3. 타인과 나의 관계 되돌아보기 (학부모 공개 수업, 학교 폭력 예방 교육이 필요할 때)
- 3-1 [가족] 가족의 의미 생각하기 『메두사 엄마』『커다란 포옹』
- 3-2 [친구] 친구는 어떻게 사귀는 걸까? 『핑!』『우정 그림책』
- 3-3 [협동, 공존] 함께한다는 것의 의미는? 『풀밭 뺏기 전쟁』, 협동을 주제로 한 그림책

4. 세계로 시선 넓히기 (생명 존중 교육, 경제 교육, 환경 교육이 필요할 때)
- 4-1 [생명] 죽음에 관해 생각해 보기 『여행 가는 날』『기억의 풍선』
- 4-2 [물질] 현명하게 돈을 대하는 법 『최고의 차』『세 개의 잔』
- 4-3 [환경] 환경 문제 『낙타 소년』『지구를 지키는 제로 웨이스트』『할머니가 물려주신 요리책』

질문으로 한 걸음 더 나아가기

나와, 타자와, 세계를 돌아보는 질문수업

교실에서 깨달은 것 중 하나는 그림책이 아이들에게 '삶을 보는 책'이 되어 줄 수 있다는 점이다. 많은 양의 텍스트를 소화하기 어려운 아이도 책장을 펼쳐 다양한 주제를 어렵지 않게 만날 수 있기 때문이다. 그림책은 여러 테마를 다루고 있고 그에 관해 이끌어 내는 메시지 또한 다양하다. 그래서 아이들이 자기 일상과 책의 접점을 찾기 쉽다. 이렇게 그림책이 다루는 다양한 주제 중 아이들이 유독 궁금해하는 이야기가 있다. 자기 일상과 밀접하게 관련된 이슈인 성격, 가족, 친구 등이다. 아이들은 자신과 주변에서 일어나는 일에 끊임없이 관심을 가지고 고민한다.

    이런 고민에서 질문수업이 시작된다. 아이가 던진 고민은 질문이 되고 그 질문과 관련 있는 그림책을 함께 읽으며 생각을 열어 간다. 그리고 앞에 소개한 질문 기법들을 응용해 질문을 만들거나 질문에 함께 대답한다. 혼자만의 생각에 골몰하는 대신 이 시간을 통해 서로 묻고, 대답하고, 생각을 나누며 함께 성장하고 변화하는 아이들을 볼 수 있다. 각 주제는 '함께 읽고 활동해 볼까?'로 마무리된다. 다른 이야기로 생각을 확장해 보고 다양한 활동으로 그림책을 내면화하는 부분이다.

특히 그림책을 읽은 뒤 하는 활동은 책의 메시지가 아이들 삶 속에 자연스럽게 스며들도록 돕는다. 글과 그림으로 생각한 바를 표현하는 방법은 가장 간단하면서도 개성 넘치는 결과물을 끌어낸다. 일기 쓰기, 네 컷 만화 그리기 등 개인 활동을 할 수도 있고 우리 반 직업 만들기, 길거리 인터뷰 등 친구들과 함께 재미있는 생각을 나눌 수도 있다. 아이들은 규칙을 이야기에 맞춰 자유롭게 변형하거나 창작하고, 함께 어울리는 즐거움을 느끼며 그림책과 상호작용하는 시간을 가진다. 3장에서는 이처럼 아이들의 고민이 질문이 되고 그림책을 통해 질문의 답을 찾아가는 다양한 활동에 초점을 맞춘 수업 사례를 소개한다.

1 질문수업을 시작할 때

1-1 책 제목을 활용한 질문
요시타케 신스케의 '이게 정말~?' 시리즈, 『커다란 질문』

「일곱 빛깔 무지개 질문」 기법 응용

① 그림책으로 생각 열기
  - '이게 정말'로 만들 수 있는 질문은 무엇이 있을까?
② 원작 패러디해 이야기 써 보기
  - 하나의 사물에서 뻗어 나온 일곱 가지 질문에는 무엇이 있을까?
● 함께 읽고 활동해 볼까?
  - 『커다란 질문』과 '질문 일곱고개'

---

① 그림책으로 생각 열기

1학년을 가르치다 보면 아이들이 나누는 이야기에 귀를 쫑긋 기울이게 되는 경우가 있다. 색칠 놀이를 하는 시간, 찬우는 손에 초록색

색연필을 쥐고 생각에 잠겨 말했다.

"이게 정말 초록색일까?"

"그럼 뭔데?"

짝인 연주가 되물었다. 그러자 찬우는 연주의 연필 색연필과 자신의 플라스틱 색연필을 번갈아 칠했다. 둘의 색은 미묘하게 차이가 났다.

"봐 봐. 분명 다른데 둘 다 초록색이라고 부르잖아. 그럼 진짜 초록색은 뭐지?"

"둘 다 가짜 초록색이야. 진짜 초록색은 나뭇잎이지. 색연필은 그걸 보고 공장에서 만든 거고."

"아하! 그럼 공장에서 어떤 나뭇잎을 봤냐에 따라 초록색이 달라지는 거구나!"

아이들의 천진난만한 대화에 웃음이 나오면서도 깊이 있는 질문을 던질 수 있다는 것이 놀라웠다.

'이게 정말'로 시작되는 질문은 눈에 보이는 현상이 아니라 근본을 파고드는 질문이다. 내 눈앞에 보이는 것을 당연하게 생각하지 않는 이 물음은 비판적 사고를 촉진한다. 이러한 질문에서 사물의 본질을 탐구하는 다양한 학문이 출발하지 않았을까? 진짜 초록색을 궁금해하는 찬우의 질문은 빛의 반사를 탐구하는 물리학의 시작점이 될 수도 있는 것이다.

쉽고 간단한 문장 앞머리로 의미 있는 질문을 만들 수 있다면 어떤 질문이 탄생하고 어떤 대답이 나올 수 있을까? 요시타케 신스케의 '이게 정말~?' 그림책 시리즈는 '이게 정말?'로 시작해 다양한 질문을 만든다. 이 단순한 말이 다양하고 창의적인 질문이 되어 그림책

한 권을 꽉 채운다. 다섯 권의 그림책은 각자 다른 질문 대상을 소재로 삼았고, 대답을 하는 방식 또한 다르다.

1. 『이게 정말 사과일까?』 – 사물에 질문을 던지고 / 다양한 관점으로 살펴보며 대답하기
2. 『이게 정말 마음일까?』 – 감정에 질문을 던지고 / 행동의 결과를 예측하며 대답하기
3. 『이게 정말 천국일까?』 – 장소에 질문을 던지고 / 상상력 펼쳐 대답하기
4. 『이게 정말 나일까?』 – 인물에 질문을 던지고 / 문제 해결 방식을 알려 주며 대답하기
5. 『이게 정말 뭘까?』 – 꼬리에 꼬리를 무는 질문을 던지고 / 질문으로 대답하기

'이게 정말~?' 시리즈(요시타케 신스케 글·그림, 고향옥 외 옮김, 주니어김영사)

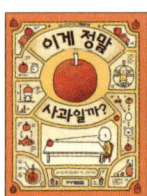    

이 다섯 권의 그림책은 하나의 사물을 여러 갈래로 비틀어 보기도 하고, 독자가 스스로 해답을 찾을 수 있도록 기발한 질문을 던지기도 한다. 간결한 화풍으로 상황을 재치 있게 표현한 상상력이 유쾌하다.

1. 사물을 여러 관점으로 들여다보기

『이게 정말 사과일까?』에서는 '사과'라는 사물에 대해 질문을 던진다. 주인공의 궁금증은 사과의 겉모습에서 시작된다. 이 과일이 사실 사과가 아니라 커다란 체리는 아닌지, 겉만 사과이고 안은 포도맛 젤리로 가득 찬 것은 아닌지 의심하며 여러 가능성을 떠올린

다. 그러다 사과가 태어난 곳을 다양하게 생각해 보고, 사과가 감정에 따라 변하는 건 아닐지도 상상한다. 즉 『이게 정말 사과일까?』는 사과에 대해 새로운 관점으로 묻고 답하며 살펴본 결과물이 담긴 책이라고 할 수 있다.

2. 감정 다루는 법 생각하기

『이게 정말 마음일까?』에서는 '미움'이라는 감정에 질문을 던진다. 이 책에는 누군가가 미워서 어쩔 줄 모르는 아이가 등장한다. 아이는 누군가를 미워하는 자기 자신의 시간이 아깝다고 느낀다. 그래서 미움을 사라지게 하기 위해 미움을 대체하거나 없앨 수 있는 감정을 불러일으키려고 한다. 그리고 그 행동에는 무엇이 있을까 질문해 본다. '후련함'을 불러일으키기 위해 속까지 시원하게 비를 맞아 보면 어떨까? '포근함'을 불러일으키기 위해 좋아하는 물건이나 마음을 따뜻하게 해 주는 것을 상자에 모아 보면 어떨까? 주인공 아이는 부정적인 감정을 어떻게 대체할지 스스로 묻고 나름의 답변을 하면서 자기 행동의 결과를 예측한다. 마음을 다스리고 삶의 방식을 스스로 세워 나가는 과정이다.

3. 장소의 특성 파악하고 다양하게 상상하기

『이게 정말 천국일까?』에는 주인공의 할아버지가 존재한다고 믿는 '천국'에 관한 질문과 답이 가득하다. 주인공 아이는 돌아가신 할아버지 방에서 공책 하나를 발견한다. 공책에는 할아버지가 천국에 관해 질문한 내용이 적혀 있다. 어떤 모습일지, 어떤 사람들이 있을지 구체적으로 생각해 보았다. 눈에 보이지 않는 관념적인 장소에 대해 질문하지만, 장소의 공간적인 특성을 묻는 다양한 물음과 답이 잘 나와 있는 책이다.

4. 솔직한 나와 마주하기

『이게 정말 나일까?』는 질문으로 '나'라는 인물을 고찰해 본다. '나'에 대해 질문을 던지게 된 계기는 '나'를 대신해 줄 로봇을 사면서다. 로봇만 구하면 자신의 일을 척척 해 줄 줄 알았는데, 로봇은 '나'가 어떤 사람인지 알려 줘야 '나'의 역할을 완벽히 수행할 수 있다고 한다. 이 문제를 해결하기 위해 아이는 '나다운 것'을 로봇에게 하나씩 말해 주기 시작한다. 겉모습은? 할 수 있는 것과 없는 것은? 좋아하는 것과 싫어하는 것은? 그뿐 아니라 혹시 문제가 생겼을 경우 대처하는 생각 방식과 행동 양식까지 알려 준다.

5. 질문 이어 가기

『이게 정말 뭘까?』에 나오는 주인공 아이는 꼬리에 꼬리를 무는 질문을 한다. 사실, 질문을 하다 보면 완벽하게 정해진 답이 나오는 경우는 거의 없다. 이 그림책은 질문이 또 다른 질문으로 이어질 수 있다는 특성을 잘 표현한 책이다. 주인공은 학교 가는 길에 '학교란 뭘까?' 궁금해한다. '학교란 친구와 선생님이 있는 곳일까?'라고 생각하다 '즐겁다는 건 뭘까?' 하며 생각에 빠진다. 아이는 일정한 규칙 없이 이런저런 생각을 한다. 그러다 귀여운 강아지를 보고 생각이 멈춘다. 하지만 작가는 옆을 지나가는 다른 아이에게 시선을 옮겨 또 다른 생각 이야기를 이어 간다. 질문이 또 다른 질문으로 확장되는 과정이 재미있게 소개된 책이다.

(2) 원작 패러디해 이야기 써 보기

우리 주변에서 '이게 정말'로 시작하는 질문을 활용할 수 있는 것은 무엇이 있을까? 5학년 아이들에게 물어보았다. 과학 시간에 두부 만들기를 하며 아무것도 없어 보이는 물이 뭉쳐져 두부가 되는 과정을 흥미진진하게 관찰해서 그런지, 두부에 관해 질문을 만들어 보고 싶어 했다.

'이게 정말 두부일까?'로 제목을 정한 아이들은 일곱 빛깔 무지개 질문 기법을 응용하여 '두부'를 놓고 일곱 가지 질문을 만들었다.

> 「일곱 빛깔 무지개 질문」 기법 응용
>
> 1. 단어의 뜻을 묻는 질문 - 두부는 무슨 뜻일까?
> 2. (변형) 대상의 종류를 묻는 질문 - 두부의 종류는 무엇이 있을까?
> 3. 느낌을 묻는 질문 - 두부가 감정을 느낀다면 어떻게 변할까?
> 4. 비교하는 질문 - 두부와 비슷한 것들은 무엇이 있을까?
> 5. 상대방의 의견을 묻는 질문 - 두부를 좋아하는 이유와 싫어하는 이유는 무엇일까?
> 6. 상대방에게 적용할 수 있는 질문 - 당신이 먹어 본 두부 요리는 무엇이 있는지?
> 7. (변형) 대상의 효과에 대한 질문 - 두부를 먹으면 좋은 점은 무엇일까?

2장에서는 한 문장을 바탕으로 질문을 만들었지만, 이번에는 하나의 대상으로 일곱 가지 질문을 만들고 답변도 생각해 보았다. 이를 활용하면 '이게 정말~' 시리즈처럼 하나의 소재를 여러 갈래로 상상하는 이야기를 만들 수 있었다.

아이들이 만든 이야기를 몇 가지 소개해 보면 다음과 같다.

> **2. 대상의 종류를 묻는 질문 - 두부는 왜 이렇게 다양한 종류가 있을까?**
> 태어난 곳이 다양해서 그래. 뜨거운 기름에 튀기면 유부, 물기를 꽉 눌러 짜면 단단한 두부, 물기를 눌러 짜지 않으면 몽글몽글 순두부야.

> **3. 느낌을 묻는 질문**
> - 두부는 슬플 때 어떻게 변할까? 눈물이 안에 고여서 무지하게 짠맛이 날 거야.
> - 두부가 뿌듯할 때는 어떻게 변할까? 자꾸 어깨를 으쓱거려서 윗부분이 조금 부서져 있을 거야.
> - 두부가 졸릴 때는 어떻게 변할까? 눈을 억지로 뜨려다 없던 눈이 생길 거야.
> - 두부가 당황했을 때는 어떻게 변할까? 빨간색으로 변해서 사람들이 상한 줄 알고 쓰레기통에 버릴 거야.

> **4. 비교하는 질문 - 두부와 비슷한 것에는 무엇이 있을까?**
> 과학실 탁자 위에 두부가 한 모 있어. 하지만 저건 두부가 아닐지도? 그럼 뭘까?
> - 고양이가 사용하는 하얗고 작은 베개를 모아 놓은 것인지도 몰라.
> - 상처에 붙이는 반창고가 새로 나온 것일지도 몰라.
> - 사실 흰 살 생선 튀김일지도 몰라.

 과학 실험으로 만들어 본 두부를 '이게 정말~?'이라는 질문 틀 안에 넣고 생각을 확장해 나가니 교과서에 소개된 지식과 교과서 밖의 지식을 함께 찾아볼 수 있었다. 다양한 상상을 펼쳐 보며 글을 쓰는 과정은 재미있는 놀이를 하듯 사물에 관해 생각해 보는 시간이 되었다.

● **함께 읽고 활동해 볼까?**

그림책 『커다란 질문』은 제목 자체에 '질문'이라는 단어가 들어간다. 그러나 막상 책을 열어 보면 물음표가 달린 질문이 아니라 답변만 가득한 특이한 책이다. 게다가 그 답변마저 심오하기 그지없다.

바위는 '그냥 여기 머무르려고.'라고 대답하고, 정원사는 '참을성을 배우기 위해서지.', 장님은 '자신감을 갖기 위해서야.'라고 대답한다. 책의 마지막에는 죽음까지 등장해 대답을 해 준다. '넌 삶을 사랑하기 위해 태어난 거란다.'라고 말이다. 아이들과 답변을 하나하나 읽다 보면 숨겨져 있던 질문에 도달하게 된다. 바위, 정원사, 장님, 죽음이 받은 질문은 '나는 왜 태어났을까?'였다.

『커다란 질문』
(볼프 에를브루흐 글·그림, 김하연 옮김, 베툴북, 2004)

질문과 답변은 간결하지만 깊이를 쉽게 가늠할 수 없는 사유가 녹아 있다. 책 뒤쪽에는 독자가 나만의 답변을 쓸 수 있도록 빈칸을 마련해 두었다.

교실에서 그림책을 함께 읽고 만드는 질문이 이런 '커다란 질문'이기를 바랐다. 누구에게 물어봐도 똑같은 대답이 나오는 뻔한 내용이 아니라, 각각 다른 생각을 이야기할 수 있는 질문 말이다.

일곱 빛깔 무지개 질문 기법의 '일곱 개의 질문'이라는 컨셉을 가져와 이번에는 '일곱 개의 답변'을 바탕으로 원래 했던 질문을 유추해 보는 놀이를 했다. 그림책 『커다란 질문』에서 질문이 가장 나중에 나오는 형식과 비슷하다. 질문을 무작정 맞히라고 하면 난이도가 너무 높았기 때문에 육하원칙인 '누가, 언제, 어디서, 무엇을, 어떻게, 왜' 중 질문에 어떤 것이 들어가는지 알려 주었다.

  우선 '정답'이 되는 커다란 질문을 먼저 정해 놓자고 하자 막막해하던 아이들이 많았다. 그래서 학교 뒷산을 산책하며 질문거리를 모아 보자고 했다. 자연에 나가 이것저것 만지고 느끼고 나서야, 아이들 속에서 가을은 어떤 계절일지, 도토리는 주워서 어디다 쓸지, 민달팽이는 왜 껍데기가 없는지 궁금해하는 질문들이 퐁퐁 솟아났다.

1. 노랑, 빨강, 갈색 나뭇잎이 바닥에 가득해.
2. 내 생일이 있어.
3. 시원한 바람이 아침저녁으로 불어와서 기분이 좋아.
4. 내가 가장 좋아하는 과일인 배를 팔아.
5. 멀리 진주에 가서 할아버지 할머니를 만나.
6. 엄마는 꼭 트렌치코트를 입어.
7. 독서하기 좋다고 해.

– 질문: 가을은 어떤 계절일까?

1. 도토리묵 만들기.
2. 네임펜으로 얼굴 그려서 형제 만들기.
3. 키 재기 해서 가장 키 큰 것 뽑아 보기.
4. 공기놀이.
5. 땅에 심기.
6. 다람쥐에게 주기.
7. 사진 찍어서 프로필 사진 바꾸기.

– 질문: 도토리로 무엇을 할 수 있을까?

커다란 질문은 '나'에게 초점이 맞춰져 있는 질문이라기보다 '타인'의 생각과 느낌에 관심을 갖고, 타인의 대답을 통해 나의 생각도 되돌아보게 되는 물음이다. 아이들이 질문을 통해 성장한다는 것은 이런 커다란 질문을 통해서가 아닐까? 내 생각에만 매몰되지 않고 질문을 통해 다양한 시각과 의견을 접하는 것, 그것이 질문에 관한 여러 답을 찾아가며 사고를 넓히는 과정일 것이다.

1-2 그림을 활용해 질문 만들기
『구름공항』『낙서가 예술이 되는 50가지 상상』

「그림에 말 걸기」 기법 응용

① 그림책으로 생각 열기
  - 글 없는 그림책을 읽는 방법은?
② 이야기 창작하기
  - 내가 쓴 '구름공항'은?
● 함께 읽고 활동해 볼까?
  - 『낙서가 예술이 되는 50가지 상상』과 '사물에 상상 더하기' 놀이

① 그림책으로 생각 열기

아이들과 함께하는 1년 중 특별한 날이 있다. 바로 1,2학년에게 5,6학년이 그림책을 읽어 주는 날이다. 짝을 지어 한 명씩 손을 잡고 나란히 입장한 아이들은 책을 골라 읽기 시작했다. 5학년 담임이었던 나는 짝을 이룬 아이들의 사진을 하나씩 찍어 주고 있었다.

"선생님, 잠깐만요. 이리 와 보세요."

주영이가 갑자기 나를 불렀다. 무슨 일인가 싶어 가 보니, 주영이는 그림책 한 권을 들고 있었다.

"왜 이 그림책에는 글이 없어요? 이건 어떻게 읽어 줘요?"

주영이가 가져온 책은 데이비드 위즈너의 『구름공항』이었다. 이야기 글이 단 한 글자도 없는 그림책이다. 주영이는 책을 읽어 주는 것은 당연히 글자를 읽어 주는 일이라고 생각했는데, 저학년 아이가 글 없는 그림책을 가져왔으니 난감했던 것이다.

"글이 없으면, 질문으로 읽어 주는 게 어때?"

주영이에게 제안한 방법은 바로 「그림에 말 걸기」 기법을 응용해 그림책을 읽어 주는 것이었다. 그림에 말 걸기 기법에는 그림 속 인물, 물건, 배경에 집중해서 질문을 만드는 방법이 있다. 글 없는 그림책을 볼 때도 마찬가지로 그림 속 인물, 물건, 배경을 짚어 주며 이야기를 읽어 주라고 제안했다. 또한 책장을 넘기는 사이사이 질문을 던지거나 질문을 받아 보라고도 했다.

『구름공항』
(데이비드 위즈너 글·그림, 시공주니어, 2017)

고층 빌딩에 올라가게 된 소년은 자기 모자와 머플러로 장난을 치는 꼬마 구름을 만난다. 소년은 꼬마 구름에게 이끌려 구름을 만드는 센터에 도착하게 되고, 획일화된 구름 모양을 다양하게 바꿔 준다. 경직된 기존 질서에 얽매이지 않는 자유로운 상상력의 의미를 생각해 볼 수 있다.

"휴, 완전 힘들었어요."

주영이가 말했다. 처음부터 인물, 물건, 배경에 모두 집중해서 이야기를 했더니 너무 길어졌다는 것이다. 나중에는 시간이 부족해 대충 넘기게 돼서 이야기의 마지막 부분을 후다닥 마무리한 것이 아쉽다고 했다. 그림책을 다시 제대로 읽어 보고 싶다는 말도 덧붙였다.

그래서 아이들과 함께 『구름공항』을 그림에 말 걸기 기법으로 읽어 보았다. 우선 큰 설명 없이 그림책을 처음부터 끝까지 눈으로 감상했다. 그 후 인상 깊었던 장면을 뽑아 질문과 답을 해 보며 곳곳에 숨겨진 디테일을 찾았다.

ⓒ『구름공항』, 데이비드 위즈너, 2017, 시공주니어

위 그림은 아이들이 뽑은 장면이다. 그림책 양쪽 면을 모두 써 상상 속 구름공항의 모습을 표현했다. 이 장면을 보며 아이들은 어떤 질문을 던졌을까? 우선, 공항에 있는 **인물**에 대해 아이들은 이런 질문을 던졌다.

– 구름공항에서 일하는 사람들은 어떻게 출근을 할까?
– 구름공항에서 일하는 사람들은 어떻게 취직을 했을까?
– 왜 구름이 다 하얀색일까?
– 구름의 눈, 코, 입은 왜 다 비슷비슷하게 생겼을까?

또, 공항에 있는 각종 **물건**에 대해 아이들은 이런 질문을 던졌다.

– 왜 컴퓨터를 쓰지 않고 종이에 써서 일을 할까?
– 도착 표지판에 적힌 36(동), 27(서) 등은 무슨 뜻일까?
– (푯말을 바꿀 때 쓰는) 위아래 바퀴가 달린 사다리는 어떻게 움직이는 걸까?

구름공항이라는 장소(배경)에 대해서도 아이들은 궁금한 것들이 많았다.

- 구름공항에서 나오는 안내 방송은 어느 나라 말로 나올까?
- 구름공항은 어느 나라 하늘 위에 있을까?
- 터널 27관의 문보다 큰 구름은 어떻게 그곳을 통과할까?
- 왜 사람들이 쓰는 공항이나 터미널이랑 비슷하게 생겼을까?

아이들의 다양한 질문을 통해 구름의 얼굴, 표지판 글씨, 공항 모습 등을 세밀하게 살펴볼 수 있었다. 또한 아이들의 질문에 상상이 더해지면서 공항에서 일하는 사람들은 어떻게 취직을 했는지, 안내 방송은 어느 나라 말로 나올지, 책이 설명하고 있지 않은 배경을 채워 가기도 했다.

글 없는 그림책에서 그림은 이야기를 전달하기 위해 더 자세하고 많은 정보를 품고 있다. 아이들과 질문을 하면서 장면을 뜯어보면 더 재미있게 그림책을 읽을 수 있었다.

② 이야기 창작하기

질문을 바탕으로 『구름공항』 속 한 장면을 골라 이야기를 창작해 보면 어떨까? 그림책은 글과 그림을 모두 한 작가가 작업하는 경우도 있지만 그림 작가와 글 작가가 따로 있는 경우도 종종 있다. 아이들과, 내가 이 그림책의 글 작가가 되었다고 생각하고 글을 써 봤다.

그림책의 처음부터 끝까지 전체 이야기를 쓰면 너무 많은 정보를 넣으려고 하다가 오히려 글의 밀도가 떨어지는 경우가 많다. 그래서 그림책 속 한 장면만 골라 이야기를 창작해 보았다. 이때, 원작에서 살짝 벗어나 자유롭게 상상력을 펼쳐 이야기를 만들어도 좋다고 안내했다.

이야기 창작의 첫 번째 순서는 주인공을 고르는 것이다. 『구름공항』 속 수많은 인물 중 주인공으로 삼고 싶은 인물을 골라 보았다. 아이들은 기존 주인공인 아기 구름과 남자아이를 고르기도 하고, 구름공항에서 일하는 사람을 고르기도 하고, 27관 터널을 막 통과하는 콩나물 모양 구름을 고르기도 했다.

이 중 구름공항에서 일하는 사람을 고른 이환이는 이 사람이 어떻게 이곳에 취직하게 되었는지, 어떻게 출근하는지에 대한 이야기를 담고 싶다고 했다.

이야기 창작의 두 번째 순서는 인물이 겪을 사건을 만드는 것이다. 이때 사건은 갈등을 담고 있어야 흥미진진해진다. 예를 들어 '구

아이들이 뽑은 새로운 이야기의 주인공. 왼쪽부터 콩나물 구름 모양, 구름공항에서 일하는 사람, 기존 주인공인 아기 구름과 남자아이이다.
ⓒ『구름공항』, 데이비드 위즈너, 2017, 시공주니어

류공항에 출근하는 마리 씨는 열심히 일을 했습니다.'라고 쓴다면, 분명 공항에서 일을 한다는 '사건'을 담고 있지만 읽는 사람은 큰 흥미를 느끼지 못한다. '구름공항에 출근하는 첫날 지각한 마리 씨는 정신없이 일을 시작했지만 큰 실수를 저지르고 말았습니다.'라고 쓴다면 '지각'과 '실수'라는 갈등의 요소가 있어 이야기를 재밌게 이끌어 갈 수 있다.

마지막으로 이야기의 맛을 더하는 법은 인물이 할 만한 대화를 넣는 것이다. 서술로만 짜인 이야기보다 대화와 대사가 있는 이야기가 더 생생하다. 특히 그 인물만의 독특한 말투가 있다면 이야기는 더 재미있어진다.

구름공항이라고 들어 봤니? 꿈의 직장이야!
구름이랑 일할 수 있고, 돈도 한 달에 500만 원씩 준대!
오늘은 마리 씨가 구름공항에 출근하는 첫날이야. 그런데 그만 늦잠을 자서 지각하고 말았어. 구름공항으로 가는 법은 아침 구름을 타는 것밖에 없는데 그 구름을 놓쳤으니 어쩌면 좋지? 마리 씨는 아침부터 해가 떠오르는 산을 땀을 뻘뻘 흘리며 등산했어.
"해님! 저 좀 도와주세요, 구름공항에 가야 해요!"
해님의 도움으로 구름공항에 도착했지만 해님의 뜨거움이 더해져 온몸이 땀에 젖은 마리 씨는 실수를 하고 말았어. 받은 서류마다 땀이 뚝뚝 떨어져 잉크가 다 번지고 만 거야. 글씨를 알아볼 수가 없었지.
"마리 씨! 햇무리구름 뭉게구름으로 바꾸면 되지?"
안내판을 바꾸는 톰 씨가 물었어. 마리 씨는 서류를 봤지만 글씨를 알아볼 수 없었어.
"네……! 맞아요!"
마리 씨는 대충 말했어. 하지만 뭉게구름이 아니라 새털구름으로 바꿔야 하는 게 맞았어. 공항은 소란이 벌어지고 마리 씨는 그만 해고되고 말았어.
"첫날부터 해고되다니!"

> 마리 씨는 엉엉 울었어. 그때 구름들이 울고 있는 마리 씨를 보고 마리 씨를 해고하지 말아 달라고 부탁했어. 구름들의 부탁으로 마리 씨는 해고되지 않았지. 마리 씨는 그 다음부터 지각하지 않기 위해 알람 시계를 열 개 맞춰 두고 아홉 시면 잠자리에 든대.

이환이가 창작한 이야기.

 구름공항에서 일하는 '마리 씨'를 주인공으로 선택한 이환이는 이야기를 만들면서 친구들과 만든 질문인 '구름공항에서 일하는 사람들은 어떻게 출근을 할까?'와 '왜 컴퓨터를 쓰지 않고 종이에 무엇을 써서 일을 할까?'가 도움이 되었다고 했다. 질문을 바탕으로 이야기를 창작하면서 아이들은 기존 이야기를 감상하는 데에만 머무르지 않고 이야기의 주체가 되어 그림책이라는 작품을 더 깊이 이해할 수 있었다.

● **함께 읽고 활동해 볼까?**

 그림에 말 걸기 기법의 심화 과정에서는 '만약'을 사용해 질문 만드는 법을 소개했다. 그림을 보고 '만약' 이렇다면 어떨까? 생각하며 다양한 상상력을 발휘해 보는 것이다. 이러한 상상은 그림책에 실린 그림뿐만 아니라 일상생활에서 만나는 다양한 사물에도 녹여 내 볼 수 있다.

 그림책 『낙서가 예술이 되는 50가지 상상』은 생활에서 쉽게 볼 수 있는 다양한 사물의 사진, 상상력으로 사물의 본래 의미나 쓰임을 확장해 생각해 볼 수 있는 질문이 담겼다. 예를 들면, 본문에는 빨간 방울토마토 열두 개가 오와 열을 맞춰 가지런히 놓여 있는 장면이 나온다. 그중 한 방울토마토 주위에는 피에로 얼굴 모양이 그러져 있다. 그때 방울토마토는 삐에로의 '코'가 된다. 다른 방울토마토 하나는 돼지의 코가 된다. 방울토마토 주위로 돼지 얼굴 형상을, 토마토 위에는 돼지 코를 상징하는 검정 동그라미를 그려 완성했다. 나머지 방울토마토 주위로는 아무것도 그려져 있지 않다. 그것을 자유롭게 채우는 일은 독자의 몫이다. "얼굴이 빨개진 건 누구일까요?"라는 책 속 질문이 아이들의 상상력을 자극한다.

『낙서가 예술이 되는 50가지 상상』
(세르주 블로크 글·그림, 김두리 옮김, 문학동네, 2017)

일상에서 흔히 볼 수 있는 사물에 재미난 상상력을 입혔다. 실사 이미지에 간단한 그림이 더해지면 새로운 모습이 된다. 가지에 눈, 코, 입과 다리를 그리면 코가 길게 나온 동물이 되고, 일렬로 세운 아스파라거스 사이에 늑대를 그리면 숲에 숨은 모습이 된다. 독자가 책에 직접 자기만의 낙서를 추가할 수 있도록 아무것도 그려지지 않은 이미지도 배치했다.

일상적 사물을 낙서와 질문을 통해 색다른 무언가로 인식하는 것이 이 그림책의 핵심이다. 아이들과 함께 사진에 낙서를 더해 상상력을 발휘하기로 했다.

마트 전단지를 가지고 와 그 안에 있는 사물에 그림을 그려 새롭게 탄생시키는 활동을 해 보았다. 미나는 바나나 뭉치가 마치 야구 글러브와 비슷하다며 캐릭터의 손에 바나나 글러브를 끼워 넣었다.

호은이는 마트 전단지의 돼지 주물럭 사진을 한복 입은 사람의 머리 장식으로 활용했다. 여자아이들이 가르마 가운데에 올리고 댕기와 연결하는 배의 씨 모양 머리 장식인 '배씨'를 만든 것이다. 요즈음은 간편하게 두를 수 있도록 머리띠 형식으로도 나오는데, 돼

미나와 호은이의 활동지.

지 주물럭의 화려함이 그 배씨와 비슷하다고 했다.

전혀 다른 용도로 탄생한 사물을 보며 아이들과 이야기 나누는 시간은 '새롭게 보기'의 즐거움을 알게 했다. 간단한 활동이지만 상상력과 창의력의 근육을 직접 써 본 경험은 생각의 영역을 넓히는 계기가 되어 준다.

1-3 질문 대화가 필요한 이유는?

『소년과 두더지와 여우와 말』, '생각하는 개구리' 시리즈

「너랑 나랑 연결 질문」 기법, 「단어 팝콘 오디션」 기법 응용

① 그림책으로 생각 열기
  - 질문이 있는 대화가 필요한 이유는?
② 책 속 한 장면으로 대화 만들기
  - 어떻게 하면 대화를 구체적으로 만들 수 있을까?
● 함께 읽고 활동해 볼까?
  - '생각하는 개구리' 시리즈에서 찾아낸 질문 전략은?

---

① 그림책으로 생각 열기

"엄마가 답도 안 나오는 질문 좀 하지 말래요."

경석이가 말했다.

"엄마는 왜 답이 없는 질문을 하지 말라고 하셨을까?"

"답도 없는데 계속 말하는 시간이 아깝대요. 그 시간에 영어 단어나 하나 더 외우래요."

학교에서 질문수업을 아무리 해도, 일상에서 질문이 가로막히는 삶을 살고 있다면 아이들은 질문 던질 의지를 쉽게 잃어버린다.

그림책에서 다루고 있는 문제나 가치는 대부분 정해진 답이 없는 것들이다. 그럼 답이 없는 내용에 관해 질문하고 대화하는 것이 정말 시간 아까운 일일까?

그림책 『소년과 두더지와 여우와 말』 속에는 얼핏 보기에 쓸데없어 보이는 짧은 대화들이 가득하다. 아이들과 그림책을 읽고 과

연 이 대화들이 정말 시간 낭비인지, 의미가 있다면 어떤 의미가 있을지 이야기를 나눠 보기로 했다.

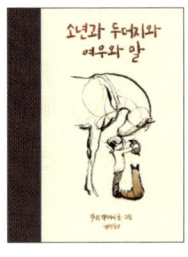

『소년과 두더지와 여우와 말』
(찰리 맥커시 글·그림, 이진경 옮김, 상상의힘, 2020)

가볍게 주고받는 물음과 대답 속에 깊은 여운이 있다. 생동감 넘치는 드로잉과 담백한 색감이 조화롭다. 처음부터 차례대로 읽어도 좋지만 어느 페이지든 자유롭게 펴서 읽어도 좋은 책이다.

책은 외로운 소년이 땅 위로 나온 두더지 한 마리를 만나며 시작된다. "안녕." 하고 인사를 나눈 둘은 가만가만 대화를 시작한다. 먼저 두더지가 소년에게 어떤 사람이 되고 싶은지 묻는다.

"친절한 사람."

소년은 대답한다. 이번엔 소년이 두더지에게 성공이 뭐라고 생각하는지도 묻는다.

"사랑하는 것."

두더지는 대답한다. 둘이 나누는 대화는 답이 없는 질문과 추상적인 대답으로 가득하다. 과연 이 대화가 의미가 있는지, 정말 필요한 것인지 아이들에게 물어보았다.

"질문을 안 하면 서로 이해할 수 없어요."

준희가 말했다. 준희는 물어보지 않으면 서로 모르는 것이 많고, 서로 모르면 이해가 아니라 오해가 쌓일 수 있다고 했다. 그래서 대화가 꼭 필요하다고 했다.

"답이 없는 질문을 나누면 생각할 시간이 생겨요."

지민이는 답이 없는 질문은 시간 '낭비'가 아니라 '생각할 시간'이라고 했다.

승배는 반대 의견을 내놓았다.

"진지충 같아서 싫어요."

승배가 말하는 '진지충'은 뭐든 심각하게 받아들이고 대답하는 사람들을 의미한다. 여기 나오는 주인공들을 왜 진지충이라고 생각했냐 물었더니, 어려운 말을 사용해 서로 아는 척만 하는 것 같다고 했다. 또 그럴듯한 대답만 있고 이유를 말하지 않아서 답답하다고도 했다.

② 책 속 한 장면으로 대화 만들기

승배가 제기한 그림책 속 대화의 문제점에 다른 아이들도 동의했다. 서로 제대로 이해하지 못한 채 넘어가는 대화에서 벗어나기 위해 그림책의 한 장면을 골라 구체적인 언어로 대화를 다듬어 보기로 했다. 이 과정에서 너랑 나랑 연결 질문 기법 속 '질문 꼬리 잡기'를 사용했다.

소년과 두더지의 대화 뒤에, 이어서 묻고 싶은 질문을 쓰고 어떤 대답을 할지 상상하여 채워 보면서 구체적인 대화가 될 수 있도록 했다. 혼자서는 막힐 수 있으므로, 짝과 함께 활동을 해 보았다. 이때 구체적인 대화가 되려면 상상뿐만 아니라 아이들의 경험에서 우러나오는 이야기가 들어가는 것이 좋다. 아이들이 직접 겪은 경험의 생생함은 대화를 살아 움직이게 만들었다. 그러면 형지와 예지가 너랑 나랑 연결 질문 기법을 사용해 구체적으로 완성한 그림책 내용을 한번 보자.

> **소년:** 시간을 낭비하는 가장 쓸데없는 일이 뭐라고 생각하니?
> **두더지:** 자신을 다른 사람과 비교하는 일.
>
> **소년:** 자신을 다른 사람과 비교하는 게 왜 시간 낭비라고 생각해? — 꼬리잡기 1회
>
> **두더지:** 나 말고 다른 사람에게 신경을 더 많이 쓰게 되면 나를 있는 그대로 사랑하는 법을 잊어버리게 되거든.
>
> **소년:** 그래도 다른 사람과 비교도 해야 내가 고칠 점도 찾고 성장하지 않을까? — 꼬리잡기 2회
>
> **두더지:** 그렇게 하면 좋은데 비교를 하다 보면 자꾸 내가 못난 것 같이 느껴지고 나 자신이 미워져. 나는 왜 쟤처럼 공부를 잘하지 못할까, 나는 왜 쟤처럼 키가 안 클까 하면서 말이야.
>
> **소년:** 나도 다른 사람과 나를 비교하다 보면 그런 마음이 들 때가 있어. 그럼 나를 있는 그대로 사랑하기 위해서 어떻게 해야 할까? — 꼬리잡기 3회
>
> **두더지:** 다른 사람이 잘하는 것을 부러워하지 말고 내가 잘하는 것, 내가 좋아하는 것을 찾는 데 시간을 더 들여야 한다고 생각해.
>
> *진한 글씨: 책 내용을 인용

형지는 다른 친구들의 SNS를 하루종일 보고 예쁜 친구들을 부러워했던 시간이 있었다며 소년과 두더지가 나눈 이 대화에 공감했다. 그래서 그때 자신이 고민하고 결론 내렸던 내용을 바탕으로 예지와 의논을 통해 질문 꼬리잡기를 완성했다고 했다.

대화를 구체적으로 다듬으면서 아이들은 자신의 생각을 정확한 언어로 표현하는 법을 알게 되었다. 짝과 의논을 하며 다른 사람의 말을 경청하는 자세도 보였다.

어쩌면 아이들은 그동안 "코끼리가 영어로 뭐니?"라고 물으면 "Elephant요."라고 금방 정답을 말할 수 있는, 즉 '무엇을 알고 있는지' 대답할 수 있는 외우는 공부에 익숙해져 있었을지 모른다. 하지만 질문수업을 통해 '무엇을 이해하기 위해 갖고 있는 지식을 어떻게 사용할 것인지' '그것을 어떻게 표현할 것인지' 아는 공부도 의미 있는 배움임을 알 수 있게 되었다.

● **함께 읽고 활동해 볼까?**

"질문 대화도 연습이 필요해요."

질문과 대답으로 이어지는 대화는 딱히 배울 필요가 없는 일상의 자연스러운 한 과정처럼 보이지만 사실 많은 연습이 필요하다.

질문 대화의 선구자라고 할 수 있는 소크라테스가 대화하는 법을 보면, 상대가 진리를 깨달을 때까지 상대 논리의 허점을 질문으로 끊임없이 파고드는 경우가 많다. 출처와 사실 여부를 확인하고 논리적 추론의 전제를 되짚어 가며 주장의 근거를 묻는다. 이렇게 다양한 질문법은 여러 방면을 통해 연습되어야만 자신의 것이 될 수 있다.

그림책 '생각하는 개구리' 시리즈는 초등학교 아이들의 눈높이에 맞게, 질문 대화가 어떻게 이루어지는지 가볍게 관찰하기 좋은 그림책이다. 하나의 주제를 네 컷 만화로 구성한 이야기가 쭉 이어지는데 주인공 개구리와 쥐가 나누는 대화, 몸짓, 행동은 아이들이 특정 대상을 탐구할 때 어떤 방법을 사용하는지 잘 보여 준다.

'생각하는 개구리' 시리즈
(이와무라 카즈오 글·그림, 박지석 옮김, 진선아이, 2021)

밤, 꿈, 얼굴, 하늘 등 일상에서 당연하게 여겨지는 부분들을 깊이 고찰할 수 있는 그림책. 쥐와 개구리가 생각을 주고받는 과정은 우리가 타인과 소통하며 생각을 확장해 나가는 과정과 닮아 있다.

　아이들과 함께 '생각하는 개구리' 시리즈의 네 컷 만화를 읽었다. 시리즈 중 『또 생각하는 개구리』에는 개구리가 길 위에서 생각에 잠긴 모습이 나온다. 개구리에게 다가온 쥐가 무엇을 생각하는지 묻자, 개구리는 '이 길은 누구의 길이지?'라고 질문을 건넨다.

　그 길로는 토끼도 지나가고 너구리도 지나가고 송충이도 지나간다. 그때마다 개구리는 '이 길은 토끼의 길' '이 길은 너구리의 길' '이 길은 송충이의 길'로 각각 다르게 명명한다.

　그러다 이 길이 어디로 가는 것인지, 토끼와 너구리와 송충이는 어디서 왔는지 궁금해지기 시작하고, 쥐는 '좋은 곳'이라는 추상적인 대답을 내놓는다.

　개구리가 '좋은 곳'이란 어떤 곳인지 묻자 좋은 친구가 있는 곳, 즉 마음에 드는 곳이라고 말하고 둘은 길을 걸으며 '마음에 드는 친구'라는 말을 반복한다.

　개구리와 쥐가 쓰는 질문 대화의 전략은 어떤 것이 있을까? 그림책을 읽고 아이들에게 물어보았다.

> 1. "'생각하는 개구리'니까 우선 생각을 해요."
> 2. "보고 있는 것에 대해서 궁금한 점을 물어봐요."
> 3. "가만히 관찰하면서 답을 찾아요."
> 4. "이해되지 않는 대답이 있을 때는 그것의 의미를 한 번 더 물어봐요."
> 5. "흡족한 대답이 있으면 그것을 반복해서 말하며 익혀요."

아이들과 찾아낸 다섯 가지 질문 대화 전략을 사용하여 우리 반 아이들과도 책 속에 나온 '길'이라는 주제로 대화를 만들어 보기로 했다. 우선 단어 팝콘 오디션 기법의 첫 번째 방법인 '단어 팝콘 튀기기' 활동을 응용하여, '길'이라고 하면 떠오르는 단어가 어떤 것이 있는지 물어보았다.

> 갈림길, 숲길, 횡단보도, 인도, 흙, 지나가기, 길치, 도로, 지름길

이렇게 나온 단어 중 아이들이 가장 흥미 있어 한 단어인 '길치'를 골라 질문을 만들었다.

길치는 왜 길을 잘 못 찾을까?
길치와 길치가 아닌 사람의 특징은 무엇일까?
길치도 (심한 정도의) 단계가 있을까?
길치는 길을 잃었을 때 어떻게 할까?

아이들이 만든 질문을 바탕으로 민하가 만든 개구리와 쥐의 대화를 보자.

> 개구리: (생각하고 있다)
> 쥐: 뭘 생각하니?
> 개구리: 나랑 약속한 다람쥐가 시간이 지났는데도 왜 오지 않을까 생각하고 있어.
> 쥐: 오면서 다람쥐를 만났어.
> 개구리: 혹시 다람쥐가 나한테 화났니?
> 쥐: 아니, 다람쥐는 길치야.
> 개구리: 길치는 왜 길을 잘 못 찾을까?
> 쥐: 다람쥐는 왼쪽이랑 오른쪽 구별을 잘 못 해. 오른쪽이라고 하지 말고 동쪽이라고 해야 해.
> 개구리: 그래서 동쪽으로 오라고 말해 줬는데?
> 쥐: 다람쥐는 그 길로 가는 자기가 틀리다고 생각해서 반대로 가고 있었어.
> 개구리: 지금 다람쥐는 어디 있을까?
> 쥐: 저기 보인다.
> 다람쥐: 개구리야, 늦어서 미안해.
> 개구리: 다음부터는 너 자신을 믿어도 돼.

　민하는 아이들이 찾아낸 질문 대화 전략을 이용하여 대화를 만들었다. 질문과 대답으로 어떤 이야기를 나눌 수 있는지 살펴보았고, 주제에 대한 나만의 생각을 대화로 어떻게 풀어낼 수 있을지 연습할 수 있었다.

　질문 대화는 친구들이나 선생님과 실제로 나누는 대화 과정을 통해서 연습할 수도 있지만, 질문과 답을 글로 써 보면 더 효과적인 연습이 될 수 있다. 질문을 하면 즉각적인 대답이 나와야 하는 말과 달리 글을 쓸 때는 더 오래 생각할 수 있고, 기록이 남기 때문에 다시 한번 읽으며 곱씹을 수 있다.

2 나 자신 살펴보기

2-1 [성격] 나다움과 자립

『내 안에는 사자가 있어, 너는?』 『노를 든 신부』

「너랑 나랑 연결 질문」 기법 응용

① 그림책으로 생각 열기
  - 나를 잘 표현할 수 있는 자기소개법은?
② '나'를 동물에 비유하기
  - 내 장점 동물과 단점 동물은 무엇일까?
③ 길거리 인터뷰놀이 해 보기
  - 친구를 알아 가려면 어떻게 해야 좋을까?
● 함께 읽고 활동해 볼까?
  - 『노를 든 신부』와 '우리 반 직업' 만들기

① 그림책으로 생각 열기

새로운 아이들과 시작하는 3월 초는 조심스럽다. 선생님과 아이들은 아직 서로가 낯설기 때문이다. 서로를 잘 알기 위한다는 명목으로 자기소개 활동을 하지만, 대부분 가벼운 정보를 전달하는 데 그쳤다. 이름, 가족, 작년에는 몇 반이었는지, 좋아하는 것은 무엇인지 간단하게 말하거나 쓰는 것이 전부였다.

아직 아이들에게 익숙해지지 않은 3월, 수행평가를 했다. 일주일 전부터 예고를 해 두었는데, 평가 시간이 다가오자 유독 안절부절못하는 아이가 있었다. 명진이었다. 명진이는 수행평가를 시작한 지 5분 만에 손을 들었다.

"화장실 다녀오면 안 돼요?"

"평가지를 제출해야 다녀올 수 있어요."

1~2분이나 지났을까? 명진이는 다시 손을 들었다.

"너무 급해서 그러는데 화장실 다녀오면 안 돼요?"

"그럼 다녀오세요."

그렇게 일이 일단락된 줄 알았는데, 다시 자리에 앉아 5분도 안 돼서 명진이는 또 화장실을 가고 싶어 했다. 그렇게 명진이는 40분의 평가 시간 동안 무려 다섯 번이나 화장실을 들락날락했다. 계속 뒷문이 열렸다 닫히자 다른 아이들이 짜증을 냈고 명진이를 비난하기 시작했다. 명진이가 평소 수업 시간에는 전혀 그런 행동을 보인 적이 없었기에, 수업이 끝난 뒤 이야기를 나눠 보았다.

"명진아, 오늘 수행 평가 시간에 많이 힘들었니?"

명진이는 고개를 끄덕였다.

"작년에도 시험 시간만 되면 자꾸 화장실을 가고 싶어서 힘들었어요."

"오늘만 그런 게 아니라는 말이구나. 많이 불안했니?"

자기소개 시간에는 절대 알 수 없었던 이야기를 듣자, 그제야 아이가 이해되었다. 다음 평가를 하기 전에는 아이들에게 명진이의 특수한 상황을 미리 말해 두고, 자리도 뒷문에 가까운 쪽으로 배치했다. 아이들도 명진이를 이해했고, 비난하거나 지적하지 않았다. 이 일을 겪으며 제대로 된 자기소개를 해 봐야겠다는 생각이 들었다. 나를 제대로 표현할 수 있다면 학교생활을 하며 생기는 많은 오해가 줄어들 수 있지 않을까?

그림책 『내 안에는 사자가 있어, 너는?』과 함께 자기소개를 해 보았다. 이 책에는 자기 안에 어떤 동물이 살고 있는지 이야기하는 아이들이 나온다. 표지를 장식하고 있는 아이는 사자 등 뒤에 타 크게 입을 벌리고 소리를 지르는 듯한 표정을 하고 있다. 이 '사자 아이'는 늘 날카로운 이빨과 우렁찬 목소리를 갖고 있어 화가 나 있는 것처럼 보이지만, 막상 가까이 다가가면 '어흥!' 하고는 금세 미소를 띤다고 말한다.

그림책에는 사자 아이 외에도 이리저리 바쁘게 뛰어다니는 토끼 아이, 자꾸 여기저기 숨어 버리는 두더지 아이 등 다양한 아이가 나

『내 안에는 사자가 있어, 너는?』
(가브리엘레 클리마 글, 자코모 아그넬로 모디카 그림, 유지연 옮김, 그린북, 2020)

아이들마다 특성이 다르다는 점, 그리고 그 특성은 우위를 논할 수 있는 것이 아니라 그대로 존중받아야 한다는 점을 생각하게 한다.

온다. 아이들은 직접적으로 자신을 표현하는 데 어려움을 겪는다. 하지만 동물이나 사물에 빗대어 간접적으로 표현하는 방식은 훨씬 쉽고 재미있게 생각하는 경향이 있다. 그래서 그림책의 방식대로 자신을 표현해 보았다.

② '나'를 동물에 비유하기

내 안에 있는 동물을 표현해 보는 활동은 「너랑 나랑 연결 질문」 기법을 응용하였다. 그림책을 읽고 나를 간단한 글과 그림으로 나타내는 것부터 시작했다.

아이들에게 내 안에 있는 동물을 생각해 보라고 하면, 막연하게 자신이 좋아하는 동물을 적어 내는 경우가 많았다. 코끼리를 좋아하니 코끼리, 호랑이를 좋아하니 호랑이와 공통점이 많은 것 같아 호랑이, 이런 식으로 생각이 흘렀다. 내가 '좋아하는' 동물이 아니라, 나를 '표현할 수 있는' 동물을 찾으려면 어떻게 해야 할까? 우선 자신의 단점과 장점을 적어 보면서 스스로 성격을 파악하는 시간을 가졌다.

아이들은 자신의 단점은 쉽게 썼지만 의외로 장점을 쓸 때는 망설이는 모습을 보였다. 장점을 최대한 많이 써 보라고 했기 때문이다. 장점 쓰기에 어려움을 겪는 아이들을 위해 나만의 장점을 발견하는 몇 가지 방법을 알려 주었다.

1. 나의 신체를 천천히 되돌아본다.
남들과 다른 곳에 점이 있어 개성이 넘칠 수도 있고, 머릿결이 좋을 수도 있으며 다리가 튼튼할 수도 있다. 나의 신체에서 장점을 발견해 본다.

2. **나의 '관심' 분야와 장점을 연결 지어 본다.**
 동계올림픽을 보면서 컬링에 관심을 가졌다던가 액체괴물을 만드는 데 관심이 있다는 것도 장점이다. 누군가는 그 분야에 대해 생각도 안 해 보거나 관심을 두려고 하지 않았을 수 있다.

3. **많이 쓰는 것이 어렵다면 하나의 장점을 세분화한다.**
 그냥 영어를 잘한다고 하기보다 단어를 잘 외운다, 3분 정도 외국 사람과 말을 할 수 있다, 알파벳을 예쁘게 잘 쓴다, 문장을 막힘없이 읽을 수 있다 등 하나의 큰 장점을 구체적으로 세분화해도 좋다.

4. **일상생활을 되돌아본다.**
 지각을 잘 하지 않는다거나, 청소를 깨끗이 한다거나, 잠을 푹 잘 잔다거나, 아침밥을 투정 부리지 않고 잘 챙겨 먹는다거나 하는 모든 것들이 장점이 될 수 있다.

5. **평소에 해 보지 않았던 일을 시도한 경험도 장점이다.**
 벽화를 그려 봤다거나, 혼자 은행에 가서 예금을 해 보는 등 어떤 일을 시도하고 경험했다는 것 자체가 장점일 수 있다. 하루 종일 멍때리기, 잠 많이 자기 등 평소에 잘 하지 않았던 소소한 일들을 시도하고 그것 또한 장점 목록에 적어 보자. 큰 용기를 내 본 이야기도 물론이다. '도전했다는 것' 자체만으로 장점이라 할 수 있다. 굳이 잘할 필요는 없다. 도전 경험이 있다는 것만으로도 남들보다 풍부한 세계를 만나 봤다는 의미이기 때문이다.

 장점과 단점을 완성한 뒤 그에 알맞은 동물 두 마리를 각각 골라 보기로 했다. 스스로 생각하기 힘든 경우 친구들이 의견을 내 도와주었다. 명진이는 자신의 단점 동물로 '미어캣'을, 장점 동물로 '참새'를 골랐다. 자신을 소개하는 글을 쓰면서 그림책의 글을 참조하였다.

 그림책에서는 '이 아이는 어떤 동물 같아요.'라고 정의한 뒤 그 동물의 특성과 관련지어 성향을 소개한다. 이를 참조하여 아이들은 자기 안에 있는 동물과 비슷한 특징, 자신을 행복하게 하기 위한 방법까지 써 보았다.

> 내 안에는 미어캣이 살아요.
> 미어캣은 조금만 불안해도 끊임없이 벌떡 일어나 주변을 살피지요.
> 나는 특히 시험 볼 때 불안해져요. 자꾸 자리에서 일어나고 싶어져요.
> 미어캣 아이를 행복하게 하려면 자리에서 자꾸 일어나도 모른 척하고, 잠시 마음을 놓을 시간을 주세요.
>
> 내 안에는 참새도 살아요.
> 아침 일곱 시가 지나면 알람 시계 없이도 자동으로 눈이 떠져요.
> 조그만 참새가 짹짹거리는 것처럼 바쁘게 세수도 하고 스스로 준비도 하지요.
> 참새 아이를 행복하게 하려면 맛있는 아침밥을 준비해 주세요.

그 외에도 아이들은 여러 색다른 동물을 골라 자신을 나타내 보았다. 꾸미기 좋아하는 은정이는 자신을 공작새 아이라고 표현했고, 늘 친구들과 딱 붙어 지내기 좋아하는 진영이는 자신을 코알라 아이라고 표현하기도 했다.

③ 길거리 인터뷰놀이 해 보기

아이들이 고른 장점 동물과 단점 동물을 발표해 보고, 교실 뒤쪽 게시판에 걸어 놓았다. 그리고 포스트잇을 이용해 궁금한 점을 써 보게 했다. 너랑 나랑 연결 질문 기법의 질문 꼬리잡기를, 즉석에서 말로 하는 기존 방식 대신 포스트잇에 질문을 남기는 활동으로 변형하여 진행한 것이다. 포스트잇에 질문을 쓰면 하나의 글에 여러 아이들이 질문을 던질 수도 있고, 질문을 받는 사람도 포스트잇을 보고 생각할 시간을 가질 수 있다는 장점이 있었다. 명신이의 소개 글 밑에는 다음과 같은 질문이 달렸다.

> 〈미어캣 아이〉
> 시험 볼 때 말고 또 언제 불안한가요?
> 잠시 마음을 놓을 시간은 어느 정도 필요한가요?

> 〈참새 아이〉
> 가장 맛있게 먹는 아침 메뉴는 무엇인가요?
> 밤에는 몇 시쯤 잠에 드나요?
> 토, 일요일에도 일곱 시면 일어나나요?

"시험 볼 때 말고 언제 불안한지 생각해 본 적이 없는데 질문을 받으니까 언제 그랬는지 돌아보게 되었어요."

명진이의 말에서 알 수 있듯이 친구들의 질문은 우리가 미처 생각해 보지 않았던 자신을 되돌아보고 새로이 발견하는 계기가 되었다.

이렇게 모인 질문과 대답으로 길거리 인터뷰놀이를 해 보았다. 교실 앞문으로 들어와서 빙 돌아 교실 뒷문으로 나가는 '길거리' 동선을 만들어 두고, 중간중간 질문을 건넬 친구 몇 명을 세워 두었다. 명진이가 앞문으로 등장하자 앉아서 구경하는 아이들은 모두 다 주문을 외워 주었다.

"하나, 둘, 셋! 미어캣 아이로 변신!"

명진이는 자리에 앉았다 두 손을 내밀고 일어나며 미어캣과 비슷한 동작을 따라해 자신이 '미어캣 아이'로 변신했음을 알렸다. 명진이는 정해진 동선을 따라가며 인터뷰를 요청하는 사람을 만났다.

"앗! 미어캣 아이 님이시군요! 혹시 시간 괜찮으시면 질문 하나 드려도 될까요? 시험 볼 때 말고 언제 또 불안한지 알 수 있을까요?"

"체육 시간에 혼자 나가서 공을 차거나 던져야 할 때, 달리기 출발선 앞에 섰을 때, 학교에 늦을 것 같을 때 불안해요."

"오! 저도 달리기 선 앞에 섰을 때 그런 적이 있었는데, 미어캣 아이 님도 그러셨군요! 답변 감사합니다."

인터뷰하는 아이에게 인터뷰이의 답변을 이상하다고 비난하거나 놀리지 않도록 안내했다. 대신 공감하는 말을 건네기로 했는데 아이들은 나름대로 따뜻한 말을 주고받았다.

길거리 인터뷰놀이를 한 뒤 아이들은 서로를 한층 더 잘 알게 되었다. 친구가 잘 이해되지 않는 행동을 하거나 어려움을 겪고 있을 때 교실 뒤편에 게시해 놓은 동물 소개 글을 한참 들여다보며 집중하는 모습도 종종 볼 수 있었다.

● **함께 읽고 활동해 볼까?**

자신의 성격을 나타내고 친구들에게 자신을 알리는 데서 한 발짝 더 나아가 보기로 했다. 바로 그림책 『노를 든 신부』를 통해 진로 교육을 해 보기로 한 것이다.

그림책 『노를 든 신부』에서 주인공 소녀는 부모님께 하얀색 드레스 한 벌과 노 한 짝만을 받은 채 모험을 떠나게 된다. 소녀는 자신이 살던 섬에서 벗어나 낯선 곳으로 가고 싶어 바닷가로 간다. 하지만 노가 한 짝뿐인 소녀를 아무도 받아 주지 않는다. 소녀는 상심한 채 산으로 간다. 그곳에서 늪에 빠진 사냥꾼을 만나고, 가지고 있던 노를 사용해 그를 구한다. 사냥꾼은 쓸모없어 보이던 노 한 짝의 가능성을 발견하게 도와준다. 소녀는 다양한 시도와 모험을 하며

『노를 든 신부』
(오소리 글·그림, 이야기꽃, 2019)

배를 저을 때는 노 두 개가 필요하지만 주인공은 노가 하나밖에 없다. 그럼에도 씩씩하게 자신의 길을 찾는다. 현실에 연연하지 않고, 자신이 진정 원하는 것이 무엇인지 분명하게 알고, 주체적으로 삶을 만들어 나가는 신부의 모습이 의미 있는 메시지를 준다.

마침내 원하는 꿈에 한 걸음 다가선다.

두 짝이 아니기에 한없이 부족해 보이는 나의 노, 그것이 내 단점이라고 할 수 있을 것이다. 노 한 짝처럼 보이는 나의 단점으로도 친구들에게 도움이 되는 일을 할 수 있을까? 친구들의 단점을 보고, 우리 반에서 할 수 있는 역할을 '사냥꾼'처럼 조언해 보기로 했다. 예를 들어 명진이의 단점 동물인 '미어캣'은 우리 반에 어떤 도움을 줄 수 있을까?

"우리 반 안전 지킴이를 하면 좋을 것 같아요! 체육 시간이나 몸을 움직이는 활동을 하기 전에 미리 위험한 물건이나 돌 같은 게 있는지 살펴서 다치는 사람이 없도록 도와주는 거죠."

그런가 하면 제윤이가 엉덩이에 가시가 돋아 있어 가만히 앉아 있지를 못한다며 자신의 단점 동물로 꼽은 '고슴도치'는 우리 반에 어떤 도움을 줄 수 있을까?

"우리 반 잃어 버린 물건 찾기 대장을 하면 좋을 것 같아요. 친구들이 물건을 잃어버렸을 때 제윤이가 여기저기 돌아다니면서 찾아주면 좋겠어요."

유난히 목소리가 크고 떠들기를 좋아해서 단점 동물로 '딱따구리'를 고른 선주는 우리반에 어떤 도움을 줄 수 있을까?

"우리 반 확성기가 될 수 있을 것 같아요. 발표할 때 목소리가 작은 친구 옆에 가서 잘 듣고 다시 크게 말해 줘요."

'과연 이런 단점도 긍정적인 역할을 하는 데 도움이 될 수 있을까?'라고 생각했던 부분까지 살펴 아이들은 그 특성을 살린 멋진 역할을 찾아 주었다. 노 한 짝이라는 자신의 한계를 뛰어넘은 소녀도 대단하지만 사실 더 대단한 사람은 그 노 한 짝의 가능성을 발견해 준 사냥꾼일지도 모른다며, 그 사냥꾼의 역할을 훌륭히 해낸 아이들에게 폭풍 칭찬을 해 주었다. 아이들은 자신의 단점이라고 생각했던 성향을 살려 반에서 여러 역할을 해 나갔다.

"제 단점도 의미가 있다는 것을 알게 돼서 기뻐요."

이 활동을 통해 아이들은 자신이 고쳐야 한다고 생각했던 부분을 새로운 시각으로 바라볼 수 있었고 자존감도 높아졌다. 서먹서먹했던 반 분위기도 빠르게 돈독해졌다.

2-2 [킹징] 킹징과 행동
『아 진짜』 『앵거게임』

> 「나만의 감정 연꽃 만들기」 기법 응용
>
> ① 그림책으로 생각 열기
>   - 감정을 표현하는 단어에는 무엇이 있을까?
> ② 감정 단어 중 하나 선택하고 이유 말해 보기
>   - 감정 단어 중 유독 마음이 가는 말을 골라 보면?
> ③ 나만의 감정 연꽃 만들기
>   - 감정 인식의 네 단계는 무엇일까?
> ● 함께 읽고 활동해 볼까?
>   - 『앵거게임』과 '앵거 다이어리'

① 그림책으로 생각 열기

세영이는 싸움이 날 것 같으면 양보하는 쪽이었고 앞에 나서는 것을 좋아하지 않았다. 그런 세영이가 피구를 하다 사소한 실수로 일방적인 비난을 당한 날이 있었다. 표정에서 억울함과 화가 잔뜩 느껴졌는데 세영이의 말이 의외였다.

"아무것도 아니에요. 괜찮아요."

비슷한 일은 또 있었다. 라면 파티를 하는 날, 진수가 실수로 세영이의 라면을 바닥에 쏟았다. 세영이는 분명 화가 나고 속상했을 텐데 별다른 표현을 하지 않았다. 진수도 미안해하다가 세영이가 별말이 없자 금세 잊고 다른 친구들과 어울렸다. 하지만 세영이의 표정은 라면 파티가 끝날 때까지 좋지 않았다.

"세영아, 오늘 어떤 기분이었니?"

방과 후에 세영이에게 물었다. 세영이는 배시시 웃기만 하고 대답을 하지 않았다. 감정 이름이 쓰인 카드 뭉치를 세영이 앞에 펼쳐 놓고 라면 파티 할 때 어떤 감정이 들었는지 골라 보게 했다. 그제야 세영이는 몇 가지 감정 단어를 골랐다. '화난' '속상한'이었다.

"세영아, 혹시 이런 감정도 느끼지 않았니?"

내가 고른 단어는 '허무한'이었다. 자기가 가져온 라면을 한 입도 맛보지 못한 세영이의 심정을 고려한 단어였다.

"이게 무슨 뜻인데요?"

세영이가 물었다.

"감정 단어 중에 잘 모르는 말이 있니?"

내 물음에 세영이가 뽑은 단어는 다양했다. '공허한' '모욕적인' 과 같이 뜻이 어려워 보이는 단어도 있었지만 꽤 흔해 보이는 '서운한'과 같은 단어도 있었다. '서운한'을 왜 뽑았는지 물었더니 그런 감정을 느껴 본 적이 없는 것 같다고 말했다. 피구 사건만 해도 세영이는 '서운함'을 느꼈을 것 같은데 왜 잘 모르겠다고 말하는 것일까? 아이들이 다양한 감정 세계를 살펴볼 수 있는 시간을 마련해야겠다는 생각이 들었다.

세영이를 위해 『아 진짜』를 준비했다. 이 그림책은 독특하게도 처음부터 끝까지 '아 진짜'라는 대사밖에 나오지 않는다. 형에게 맨날 당하기만 하는 동생이 하는 말이다. 네 살쯤 되어 보이는 동생은 말이 늦어서 '아 진짜'라는 말밖에 할 줄 모른다. 즉 감정이나 생각을 제대로 구분해서 표현하지 못하는 것이다. 이 그림책을 읽고 이야기에 나오는 감정을 짚어 가며 다양한 감정을 분류해 보았다.

『아 진짜』
(권준성 글, 이장미 그림, 어린이아현, 2018)

장면마다 '아 진짜'라는 글씨가 그림처럼 배치된 구성이 유쾌하다. 소통을 하는 데에는 '말'이라는 언어도 중요하지만 상황, 분위기, 표정, 몸짓 등도 중요한 요소가 된다는 사실을 생각해 볼 수 있다.

동생은 넓은 소파를 다 차지하고 누워 있는 형을 바라보면서 말한다.

"아 진짜!"

반 아이들과 그림책에 등장하는 감정을 말해 보았다.

넓은 소파를 혼자 차지한 형을 보며 동생이 느끼는 감정으로 아이들은 짜증, 분노, 답답함을 골랐다.

"소파에 분명히 공간이 있는데 자기만 저러고 누워 있으면 정말 짜증 나요!"

"형이 더 힘세니까 뭐라고 못 해서 속이 아주 답답할 것 같아요."

그런가 하면 망가진 로봇 팔을 고치는 형을 보며 동생이 '아 진짜!'라고 외칠 때에는 기대감, 설렘, 고마움, 어이없음 등을 느낀다고 골랐다.

"로봇 팔을 고칠 수 있을까 기대가 될 것 같아요."

"자기가 부숴 놓고 자기가 다시 고치려고 하는 모습이 어이없을 것 같아요."

아이들은 예상 가능한 감정들도 많이 골랐지만 의외의 감정도 많이 언급했다. 아이들의 다양한 생각 덕분에 다음 활동에서 보기로 제시할 감정 단어의 폭을 넓힐 수 있었다.

② 감정 단어들 중 하나 선택하고 이유 말해 보기

보기로 제시한 감정 단어 목록을 함께 보며 유독 마음이 가는 감정 한 개씩을 골라 보았다. 먼저 손을 들은 해묵이가 말했다.

"괘씸함요. 이 말이, 화도 나고 질투도 나는데 분풀이는 못 하는 마음을 표현해 주는 것 같아요. 특히 빵 두 개를 형이 다 먹는 장면에서 괘씸함을 느꼈어요."

마음을 꺼내 놓기 힘들어했던 세영이가 뽑은 감정은 무엇이었을까? 바로 '슬픔'이었다.

"슬픔이 가장 기억에 남아요. 동생이 펑펑 울어서 눈물이 바닥에 한가득인데, 저도 저렇게 울어 본 적이 갓난아기 때 말고 있었나 하는 생각이 들어서요."

세영이가 뽑은 감정 단어는 우리가 자주 쓰는 말이었지만 그 뒤에 숨은 이야기가 세영이의 마음이나 상황을 어느 정도 짐작할 수 있게 했다. 아이들이 선택한 감정 단어에는 그동안 익숙하게 느껴서 공감이 쉬운 단어도 있었지만, 종종 느껴 온 감정임에도 어떻게 표현해야 할지 몰라 생소하게 보였다는 단어도 많았다. 아이들은 『아 진짜』를 통해 다양한 감정 단어를 알고 마음을 좀 더 세밀하게 표현하는 법을 알게 되었다.

③ 나만의 감정 연꽃 만들기

평온한 일상을 보내다가도 감정을 요동치게 하는 '사건'이 생기는 경우가 있다. 앞에서 언급한 세영이의 일처럼 친구들에게 비난을 받거나 맛있는 음식을 못 먹게 되거나 하는 상황이다. 이런 사건이 일어나면 즉각적으로 어떤 생각이나 감정이 우리 안에서 솟아난다.

그리고 그 생각이나 감정에 따라 자신이 할 행동을 결정하게 된다.

사건 – 생각 – 감정 – 행동

이 과정을 분류해서 인식하지 않으면 충동적인 행동을 할 가능성이 높다. 반면 네 단계로 구분해 바라보는 방법을 배우는 것만으로도 충동적인 행동을 하거나 후회할 일을 줄일 수 있다. 이처럼 '인지 과정'을 알고 그 과정을 자각하고 해석하며 반응할 수 있도록 돕는 것을 인지 행동 치료라고 한다. 인지 행동 치료는 현재의 문제를 인식하고 행동 및 정서적 규칙에 도움이 되지 않는 패턴을 변경하는 것이 목표다. 연꽃 기법을 변형하여 아이들과 함께 자신의 감정이 요동쳤던 패턴을 네 단계로 구분해 표현해 보았다.

원래 2장에서 소개한 연꽃 기법은 한가운데에 키워드가 들어가고 관련 단어를 꽃잎에 쓰는 것이지만, 여기서는 사건-생각-감정-행동의 유기적인 연결을 한눈에 볼 수 있는 수단으로 활용했다.

연실이는 수학 시험에서 70점을 맞고 속상했던 경험을 감정 연꽃에 표현했다. 사건, 생각, 감정을 구분하여 쓰면서 원래는 '행동'에 수학 시험지를 숨기겠다고 적을 생각이었다고 한다. 하지만 그것보다 엄마와 약속을 하고 오답노트를 쓰는 것이 더 나을 것 같다는 마음이 들었다고 했다. 충동적인 행동에서 벗어나 건설적인 대책을 세운 것이다.

세영이는 라면 파티를 떠올리며 감정 연꽃을 채웠다. 라면이 쏟아졌을 때 어떤 마음이었는지 표현하는 단어를 고르며 자기 감정을 깨닫고 다독이는 시간을 가졌다. 또 '행동' 꽃잎에는 어떻게 대처

했는지 적으며 돌발 상황에서 당황하지 않고 주위에 도움을 요청할 수 있음을 알게 되었다.

● 함께 읽고 활동해 볼까?

감정이 폭발하는 순간은 대개 '화'를 동반한다. 아이들은 그 감정을 어떻게 다뤄야 할지 모른다. 얼굴이 빨개지고 소리를 지르고 발을 구르고 욕을 하는 등 화를 표출하는 방법은 다양하다. 하지만 그것이 좋은 방법이 아니라는 사실은 아이들도 다 알고 있다.

그림책 『앵거게임』의 주인공 서해도 마찬가지이다. 서해는 작고 사소한 일에도 쉽게 화가 난다. 그러던 어느 날 핸드폰에서 '앵거게임'이라는 앱을 발견한다. 동생이 자신의 미니카를 만지며 놀고 있을 때, 앵거게임 앱에 '화를 내며 공격하시겠습니까?'라는 안내창이 뜬다. Yes를 누르자 '고장 나면 너 때문이야!'라는 뾰족한 말이 회오리처럼 날아간다. 엄마한테 혼나서 화가 날 때도, 친구가 별명을 불렀을 때도 서해는 Yes 버튼을 누른다. 문을 으스러질 듯 세게 닫

『앵거게임』
(조시온 글, 임미란 그림, 씨드북, 2020)

앱 게임이라는 소재와 아이들을 화나게 하는 일상 속 상황을 절묘하게 엮어 냈다. 화를 표현하는 바람직한 방법을 생각해 볼 수 있다.

고, 친구에게 소리를 지른다. 하지만 서해의 마음은 어딘가 찝찝하다. 화가 날 때마다 계속 Yes를 누르던 서해는 그림을 못 그렸다는 세윤이의 말을 듣고 또 화가 난다. 하지만 이번에는 망설이며 No를 선택한다. 그러자 앵거게임 앱에서 이런 안내 메시지가 뜬다.

'화 속에 숨겨진, 당신이 진정으로 원하는 것을 이야기하세요.'

안내 메시지처럼 내가 진정으로 원하는 것을 이야기하기 위해서는 어떻게 하면 좋을까? 『앵거게임』을 쓴 조시온 작가는 '비폭력 대화'를 참고하여 '앵거 다이어리' 쓰기를 제안한다. 방법은 다음과 같다.

1. 어떤 말을 들었을 때, 어떤 일을 보았을 때 화가 났는지 쓰기
2. 얼마나 화가 났는지 숫자로 표시하기
3. 화 속에 숨겨진, 내가 정말 원하는 것은 무엇일지 쓰기
4. 3번에 쓴 내용과 관련 있는 욕구 관련 단어를 찾아 동그라미 치기
   ※ 욕구 목록은 『앵거게임』의 부록인 '앵거 다이어리'를 참고해도 좋고 인터넷을 통해 '비폭력대화의 욕구 목록'을 검색하면 쉽게 찾을 수 있다.
5. 상대방에게 하고 싶은 부탁 적기

서희는 동생이 서희가 0점을 맞았다고 사실이 아닌 말을 해서 화난 마음을 앵거 다이어리에 표현했다. 이 과정을 통해 자신의 마

음속에 이해받고 싶은 욕구가 있다는 것을 찾았고, 동생이 말한 틀린 사실을 바로잡으며 자신의 기분을 말하고 화를 풀었다. 지영이는 엄마의 꾸중을 듣고 화난 마음을 표현했다. 앵거 다이어리를 쓰며 엄마의 마음을 헤아릴 수 있었고 엄마에게 섭섭한 감정을 품기만 하는 데서 나아가 자기 마음을 들여다보며 부탁의 말을 적을 수 있었다.

아이들은 앵거 다이어리를 쓰면서 화가 났던 순간을 돌아보고 '왜' 화가 났는지 깨달았다. 그 마음 안에서 자신이 진짜 원하는 것을 찾았고 '화'가 폭력적이거나 나쁘기만 한 것은 아니라는 새로운 사실을 알게 되었다. 아이들은 앞으로도 화가 나면 무조건 그 화를 표출하기보다 '내가 진짜 원하는 것'을 찾는 연습을 하겠다고 다짐했다.

■ 앵기 다이어리 양식 (『앵거게임』의 『앵거다이어리』 참고)

날짜	년 월 일 요일
질문	나의 대답
① 나를 화나게 하는 다른 사람의 말이나 행동에는 무엇이 있을까요? (평가하거나 판단하지 않고 있는 그대로 자세히 쓰기)	
② 얼마나 화가 났나요?	1　2　3　4　5 ⟶ (~만큼 화가 났다!)
③ 화 속에 숨겨진, 내가 정말 원하는 것은 무엇일까요?	
④ ③에 쓴 내용과 관련 있는 다양한 감정과 욕구를 찾아 써 보세요. (마음을 나타내는 다양한 표현, 욕구를 찾아쓰기)	감정 　　　　 욕구
⑤ ④의 감정과 욕구를 잘 다스리기 위해 나는 어떤 노력을 해야 할까요?	
⑥ 상대방에게 하고 싶은 부탁을 써 보세요. (긍정적이고 구체적으로)	

2-3 [시간] 나의 역사, 나의 현재
『나는 한때』『때』『오늘 상회』

> 「빈칸 엔딩 기법」 응용
>
> ① 그림책으로 생각 열기
>   - 내가 기억하는 나의 모습은?
> ② 인생 그래프 그려 보기
>   - 나는 언제 가장 행복했고, 언제 가장 불행했을까?
> ● 함께 읽고 활동해 볼까?
>   - 『오늘 상회』의 '오늘 병'에 무엇을 담고 싶은지?

① 그림책으로 생각 열기

학교 앞 운동장에 자라고 있던 커다란 고목나무를 베는 날이었다. 나무는 병이 들어 가지 끝부터 모두 말라 있었다. 전동톱이 위잉거리는 소리를 내며 돌아가고 나무는 해체되어 트럭에 실렸다. 많은 아이들이 아쉬워했다. 작업이 끝난 뒤, 오랜 시간 아이들과 함께했던 나무의 흔적을 살펴보러 운동장으로 나왔다. 거칠게 잘린 단면에 선명한 나이테가 새겨져 있었다. 아이들과 나이테 개수를 세어 보기로 했다. 하나, 둘, 셋……. 나이테는 100개가 넘어갔다.

　100년이 넘는 시간 동안 이 자리에 서 있었을 고목나무를 떠나보내며, 아이들에게 나무에 관한 추억이 있는지 물어봤다.

　"엄청 더운 여름에 나무 그늘 밑에서 아이스크림 먹었던 기억이 있어요."

　"바닥에 떨어진 나무 이파리를 밟으면서 놀았어요."

떠난 고목나무가 아이들의 기억 속에 점을 찍은 순간을 찾아보면서 고목나무의 역사를 만들었다. 2018년 2월에는 용진이의 머리 위에 녹은 눈을 똑 떨어뜨렸고 2020년 6월, 장마로 작은 산사태가 났을 때는 흙더미가 쓸려 오다가 고목나무를 덮치기 바로 전에 멈춘 적도 있었다.

고목나무의 역사를 만들어 보며 자신의 역사와 시간도 한번 되새겨 보는 활동을 했다.

그림책 『나는 한때』는 고목나무의 나이테처럼 보이는 검은 줄이 표지에 가득 그려져 있다. 그리고 나는 한때 무엇이었는지 담담히 이야기를 풀어놓는다. 나는 한때 새싹이었고 망아지였다가 여행을 떠나 이상한 곳에 도착하기도 한다. 이것의 정체는 머리카락이다. 이 책은 나의 역사를 머리카락에 빗대 재미있게 표현했다.

그럼 '나는 한때' 무엇이었을까? 우선 아이들에게 '나는 한때' 어땠는지 물었다. 아이들의 기억은 생각보다 섬세하고 감각적이었다.

"유치원에서 처음 포도 와인 체험을 했을 때가 기억나요. 포도를 손으로 조몰락조몰락 하는데 포도즙이 찍-, 개구리 알 같은 포도알이 동동 떠다니던 게 생각나요."

"매미 소리가 들리던 여름날에 외할머니가 숟가락 위에 생선을

『나는 한때』
(지우 글·그림, 반달, 2021)

우리가 태어나고 성장하고 노년이 되는 '변화'를 머리카락이라는 상징을 통해 서정적으로 보여 준다. 책장을 넘기며 우리는 한때 어떤 존재였는지 생각해 보고 자신이 지나온 시간을 반추할 수 있다.

발라서 올려 주시던 게 기억나요."

이 기억을 하나의 단어로 표현해 보았다. 빈칸 엔딩 기법을 이용해 '나는 한때 ____이었고'라는 문장 빈칸에 각자 생각하는 단어를 써넣기로 했다.

포도 와인을 만들었던 유미는 '나는 한때 주무르기 왕이었고'라며, 외할머니의 기억을 떠올린 준형이는 '나는 한때 입 벌린 아기새였고'라며 자신의 기억을 표현했다. 그림책 텍스트는 마치 시처럼 운율을 살려 '나는 한때 ~였고'라는 말이 반복되는 부분이 있다. 이 리듬감을 살려 아이들도 비슷하게 문장을 만들며 그림책의 호흡을 한껏 느껴 보는 시간을 가졌다.

이렇게 인생에 점을 찍은 기억들 몇 가지를 떠올려 보며 아이들과 기억 속 나는 어떤 모습이었는지 이야기하고 글과 그림으로 표현해 보았다. 또 기억에 관한 '정의'에 머무르지 않고 자신이 성장하거나 변했다고 느낀다면 그 이유는 무엇인지, 그때의 나와 지금의

유미와 준영이의 '한때'.

내가 달라진 점은 무엇인지 하나씩 짚어 보았다.

"이제는 제가 할머니께 생선을 발라서 놓아 드릴 수 있어요."

준형이가 말했다. 아이들은 '나는 한때'에서 출발해 시간의 흐름을 되짚어 보며 자신이 성장한 존재임을 다시 한번 되새겼다.

② 인생 그래프 그려 보기

'나는 한때 이랬다.'라는 과거는 현재로 이어진다. 어른뿐만 아니라 아이도 즐겁고 행복했던 순간을 겪어 왔고 또 슬프고 화나고 두려웠던 순간들도 겪어 왔을 것이다. 이 중 아이들을 괴롭게 하는 것은 부정적인 경험들이다. 아이들은 그 기억을 깊은 곳에 숨겨 놓거나 지우려고 한다. 하지만 그렇게 외면한 기억들은 불쑥불쑥 떠올라 현재의 행복을 방해하는 경우가 많다.

아이들이 떠올린 '나의 한때'는 거의 긍정적인 기억이었지만, 부정적인 기억과 마주하는 시간도 필요했다. 그래서 인생 그래프를 그려 보며 내가 가장 행복했던 순간, 가장 불행했던 순간을 직접 살펴보았다.

인생 그래프 그리기

1. 가로축의 시작 부분에는 0살, 중간 부분에는 현재의 나이, 끝부분에는 몇 살까지 살지 생각해 그 나이를 표시한다.
2. 세로축에는 -10부터 +10까지의 숫자를 표시한다.(불행 / 행복의 척도)
3. 내가 기억나는 사건이 있었던 나이에 점을 찍고 무슨 일이 있었는지 쓴다. 미래에 일어날 일도 예상하여 점을 찍고 어떤 일인지 쓴다.
4. 선을 이어 인생 그래프를 완성한다.

아이들이 완성한 인생 그래프를 보고 이야기를 나눠 보았다. 그중 태윤이의 인생 그래프는 '태어났다'를 시작으로 올라갔다 내려갔다 반복하며 다양하게 펼쳐졌다. 마지막에는 '무로 돌아가다'라는 철학적인 표현을 적기도 했다. 태윤이 인생에서 가장 아래에 있는 순간은 3학년 때였다. 두 자릿수 곱하기 두 자릿수 문제를 못 풀어서 학원에서도 엄마한테도 맨날 혼이 났다. 그 기억 때문에 지금도 수학에 자신이 없다는 태윤이의 솔직한 고백을 듣고 다른 아이들도 공감하고 격려해 주었다.

"나도 2학년 때 구구단 못 외워서 완전 힘들었어."
"나는 4학년 때 나눗셈 못 해서 오답 노트 쓰는 데 한 시간씩 걸렸어."

태윤이는 아직도 두 자릿수 곱하기가 무서움의 대상이지만, 언젠가는 잘할 수 있다는 생각을 한다고 했다. 그래프를 통해 '한때' 나빴다고 해서 계속 그래프가 아래에 있는 것이 아니라 여러 가지 일을 통해 다시 위로 올라가기도 하는 것을 보았기 때문이다.

아이들은 이 활동을 통해 자신의 인생을 비관적으로만 생각할 이유가 없다는 사실, 좋은 때가 있으면 나쁜 때도 있다는 사실을 알게 되었다. 또 나쁜 기억도 언젠가는 극복할 수 있을 거라는 희망을 가졌다. 수업을 마무리하며, 『나는 한때』를 쓰고 그린 지우 작가의 다른 작품 『때』를 함께 읽었다.

표지에 초록색 이태리타월이 그려진 이 그림책은 '때'에는 두 가지가 있다며, 몸의 때와 시간의 때를 절묘하게 섞어 이야기한다. 시원하게 때가 밀려 나갈 때, 우리는 간지럽지만 꾹 참기도 하고 때들이 이리저리 튀고 날아오르는 걸 보기도 한다. 우리 삶에도 참아야

『때』
(지우 글·그림, 달그림, 2019)

때를 미는 과정이 마치 우리가 살아가는 과정과 닮아 있다. 피부와 때수건으로 구성한 장면은 대담하고 시원시원한 매력으로 독자의 눈을 사로잡는다.

할 때, 우리가 날아오를 때가 분명 존재한다.

모든 일은 영원히 지속되지 않고 변하며 각각의 '때'가 있다. 아이들도 인생 그래프를 그리며 우리 모두에게도 '때'가 있음을, 지금 당장 보이지 않는 것 같아도 그 '때'는 꼭 만날 수 있음을 생각해 보았다.

● **함께 읽고 활동해 볼까?**

그림책 『나는 한때』와 『때』가 과거와 미래를 주로 이야기하는 책이라면, 그 사이에 놓인 '현재'를 이야기하는 그림책은 무엇이 있을까? 『오늘 상회』에는 새벽부터 노란불이 켜지는 고풍스럽고 멋진 가게, 오늘 상회가 등장한다. 이 가게에서 파는 것은 병에 담긴 '오늘'이다. 사람들은 바쁘게 가게에 들러 오늘을 사 가는데, 아주 옛날부터 이 가게 단골이었던 할머니가 구매를 망설인다. 오랜 시간 함께했던 남편이 죽고 혼자 남게 되자 오늘의 의미를 잃은 것이다. 그런 할머니의 마음을 움직이는 존재는 아주 사소한 것들이다. 나뭇가지가 흔들리는 소리, 등을 어루만지는 햇살, 매일 달아나다 오늘은 손에 앉은 나비, 오랜만에 친구에게 온 연락……. 할머니는 몸을 일으켜 다시 오늘 상회를 들른다. 가게 주인은 여전히 소중한 오늘이 당신을 기다린다고 이야기하며 할머니에게 오늘이 담긴 병을 건넨다.

『오늘 상회』
(한라경 글, 김유진 그림, 노란상상, 2021)

오늘, 지금, 이 순간이 중요하다는 사실을 깨닫게 해 준다. '오늘'이 액체로 병에 담길 수 있고 그것을 마셔야 하루를 시작한다는 상상이 따뜻하다.

코로나19 이후 아이들은 무료한 하루하루에 지쳐 있을 때가 많다. 외출도 어렵고 친구과 모여서 노는 일조차 쉽지 않다. 오늘 상회가 있다면 아마 '오늘'을 사고 싶지 않다고 할 아이도 많아 보인다. 그럼에도 '오늘'을 산다면, 나의 오늘을 버티게 할 사소하면서도 소중한 것에 무엇이 있을지 나의 오늘 병과 그 안에 담길 내용물을 그려 보았다.

소희는 길쭉한 병에 음표들을 가득 그려 넣고 그 안에 좋아하는 노래를 적었다.

소희의 '오늘'이 담긴 병.　　　　진표의 '오늘'이 담긴 병.

"제가 좋아하는 가수의 곡을 듣는 게 오늘을 살아가는 힘이 돼요."

진표는 둥글납작한 병에 자신이 키우는 앵무새와 스마트폰을 그려 넣었다.

"앵무새 지지랑 같이하는 시간이 정말 소중해요. 그리고 스마트폰 하는 시간도요."

그림책 『오늘 상회』와 함께한 수업은, 아이들의 오늘을 소중하게 만드는 다양하고 소소한 것들을 살펴보며 현재의 의미를 다시금 상기할 수 있는 시간이었다.

3 | 타인과 나의 관계 되돌아보기

3-1 [가족] 가족의 의미 생각하기
『메두사 엄마』 『커다란 포옹』

「단어 팝콘 오디션」 기법 응용

① 그림책으로 생각 열기
  - 내가 생각하는 우리 가족의 의미는?
② 단어 팝콘 튀기기
  - 그림책을 가장 잘 표현할 수 있는 단어는?
③ 단어 팝콘 고르기
  - 핵심 단어를 뽑아 본다면?
④ 단어 팝콘 요리하기
  - 뽑힌 단어를 보고 연상되는 단어를 말해 본다면?
⑤ 단어 팝콘 맛보기
  - 단어 더하기 단어로 질문을 만든다면?
● 함께 읽고 활동해 볼까?
  - 『커다란 포옹』의 그림처럼 우리 가족 표현해 보기

① 그림책으로 생각 열기

내가 교생실습을 하던 시절 만난 쌍둥이 지호와 정호는 학업에 열의가 남다른 아이들이었다. 마냥 모범생일 것 같고 칭찬만 받을 것 같던 아이들 고민을 알게 된 것은 교생실습이 끝난 후에도 몇 년이나 지속되던 문자메시지를 통해서였다. 아이들은 '선생님 잘 지내세요?'로 시작해 자신의 고달픔을 털어놓고는 했다. 당연히 '공부가 힘들다' '친구 관계가 힘들다'처럼 그 또래에 할 수 있는 평범한 걱정거리일 줄 알았는데, 아이들의 가장 큰 고민은 '엄마'였다.

아이들은 엄마가 '세상에 너희 둘만이 나의 보석이야.'라고 자주 말한다고 했다. 마냥 좋은 뜻이라고 생각했던 그 말이 어느 순간 그렇지 않다는 것을 깨달았다고 했다. 엄마가 핸드폰을 몰래 검사할 때, 친구랑 놀고 온다고 했는데 한 시간마다 문자로 보고하라고 할 때 숨이 막힌다는 것이었다. 보석이라는 말이 '아름답고 귀중한 것'이 아닌 '내 맘대로 할 수 있는 작은 물건'이라고 여겨지는 때가 한두 번이 아니라고도 했다. 쌍둥이는 엄마한테 어떻게 자신의 마음을 표현해야 엄마의 기분이 상하지 않을지, 엄마의 행동이 진짜 자신을 사랑하는 마음에서 나오는 건지 자주 물었다.

그림책 『메두사 엄마』에는 쌍둥이 엄마의 말과 비슷한 말을 하는 엄마가 등장한다.

"너는 나의 진주야. 내가 너의 조가비가 되어 줄게."

사춘기에 접어든 열두 살 아이들은 『메두사 엄마』의 이 대사를 어떻게 생각할지, 가족 사이의 관계를 어떻게 생각할지 궁금했다.

"오늘은 메두사 엄마라는 책을 읽어 볼 거야."

반 아이들에게 제목을 들려주자 여러 반응이 쏟아졌다.

"엄마가 메두사라고요? 머리에 뱀이 있는 그 메두사? 완전 무섭 겠다."

"엄마가 메두사면 아이는 태어나자마자 돌이 되는 거 아니에 요?"

"엄마가 메두사면 아이도 메두사 아니야? 그럼 면역이 있지 않 을까?"

아이들은 그리스 로마 신화에 등장하는 메두사를 생각하며 이런저런 상상의 나래를 펼쳤다. 막상 그림책 표지를 보여 주자, 아이들은 실망하는 기색이 역력했다. 머리가 뱀이 아니라는 이유였다.

『메두사 엄마』
(키티 크라우더 글·그림, 김영미 옮김, 논장, 2018)

아이가 세상으로 나가는 것을 두려워하는 엄마, 엄마의 품 안에서만 자란 아이가 함께 성장하는 모습을 보여 준다. 키티 크라우더의 아기자기하고 화사한 필치가 아름다운 이미지를 구현하는 그림책.

"뱀은 아니지만 이 엄마의 머리카락은 굉장히 특별해. 마치 생명이 있는 것처럼 움직일 수 있거든."

그림책에서 엄마인 메두사는 거대하고 풍성하며 자유자재로 움직일 수 있는 머리카락을 가지고 있다. 메두사는 딸인 이리제를 끔찍이 아끼고 사랑하다 못해 머리카락 속에서 구속한다. 밥 먹는 것도, 걸음마도 모두 자신의 머리카락 속에서 하게 한다. 이리제를 보고 싶어 하는 다른 사람들의 시선이 싫어 머리카락 속에 딸을 꽁꽁 숨기고, 자신과만 놀게 한다. 하지만 이리제는 밖에 나가고 싶고, 친구들과 놀고 싶다. 엄마의 아쉬움을 뒤로한 채 학교를 다니게 된 이리제는 엄마의 도움 없이 혼자서 책도 잘 읽고 친구들과 잘 어울린다. 학교가 끝난 뒤, 메두사는 교문에서 이리제를 기다린다. 온몸을 덮을 만큼 기다란 머리카락은 온데간데없다. 머리카락이 짧아진 메두사는 달려온 이리제를 꼭 껴안아 준다. 이 그림책을 「단어 팝콘 기법」과 함께 질문과 답으로 풀어 보았다.

② 단어 팝콘 튀기기

먼저, 브레인스토밍으로 생각나는 단어를 자유롭게 말하는 시간을 마련했다. 사랑, 학교, 머리카락, 엄마, 보호, 경계, 메두사, 친구, 커트 머리 등의 단어가 나왔다. 친구들이 말한 단어를 보고 그림책을 나타낼 수 있는 핵심 단어를 생각해 보게 했다.

③ 단어 팝콘 고르기

아이들이 말한 단어를 칠판에 쭉 써서 살펴보고 생각할 시간을 준 뒤 물었다.

"이 그림책을 가장 잘 표현할 수 있는 단어 두세 개를 골라 볼까?"

민혁이는 '보호'를 뽑았다.

"메두사 엄마는 딸을 보호하고 싶은 마음이 강한 것 같아요. 그래서 보호를 뽑았어요."

인중이는 '사랑'을 뽑았다.

"저는 생각이 조금 달라요. 메두사 엄마는 딸에게 결국 자유를 줬잖아요. 저는 그 마음이 진정한 사랑에서 나온 것 같아 사랑을 뽑았어요."

다올이는 '머리카락'을 뽑았다.

"저는 머리카락이 길었다가 짧아지는 것이 이 이야기의 핵심인 것 같아 머리카락을 뽑았어요."

④ 단어 팝콘 요리하기

아이들이 최종적으로 투표를 통해 결정한 단어는 '머리카락'이었다. 보호나 사랑 같은 추상적인 단어보다 그림책에서 시각적으로 강조되면서 상징적인 의미까지 가지고 있는 머리카락이 와닿은 듯했다. 머리카락이라는 단어가 이 책을 가장 잘 표현하는 단어로 뽑혔으니, '머리카락' 하면 생각나는 것을 자유롭게 말해 보면서 자신의 경험과 연결 지어 보기로 했다.

"미용실요. 머리는 주기적으로 잘라 줘야 하니까요."

"로망요. 내가 안 해 본 머리 스타일에 로망이 있어요."

아이들이 여러 단어를 말하는데, 지윤이가 손을 들고 질문을 던졌다.

"선생님, 그런데 아까 탈락한 단어인 '보호'를 말해도 될까요?"

"당연하지! 지윤이는 어떤 점에서 '머리카락'에서 '보호'를 떠올렸니?"

"메두사 엄마가 이리제를 머리카락으로 보호하려는 점도 그렇고요, 머리카락이 있어야 제 맨머리를 보호할 수 있기도 하니까요."

"그래, 아까 나온 단어가 머리카락과 관련이 있다고 느껴지면 다시 언급해도 좋을 것 같구나."

그렇게 나온 단어를 칠판에 꼼꼼하게 적었다.

⑤ 단어 팝콘 맛보기

"자, 이제 여기 나온 단어를 활용해서 질문을 만들어 볼 거야. 핵심 단어인 '머리카락'과 연관 단어인 '보호', '미용실', '로망' 등을 더해 질문을 만들어 볼까?"

아이들은 허니컴보드(육각형 보드)를 가지고 가서 질문을 썼다. 한 개만 가져가는 아이, 두세 개를 챙겨가는 아이 등 각자 만들고 싶은 질문의 개수는 다양했다.

질문을 만든 뒤, 모둠 내에서 자신이 만든 질문을 나누어 보았다. 모든 아이들의 질문을 다 보고 이야기를 하면 좋겠지만, 서른 개의 질문에 답할 시간은 부족하기에 아이들끼리 먼저 의논해 질문을 골라 보기로 했다. 각자 만든 질문 중 가장 궁금한 질문을 모둠 내에서 투표해 보는 시간을 가졌다. 그렇게 일곱 개 모둠에서 나온 일곱 개 질문을 칠판에 게시했다. 교사 입장에서 '머리카락'이라는 핵심 단어로 가족과 관련된 고민이나 질문이 자연스럽게 도출될 수 있을지 의문이었는데, 몇몇 모둠에서 그림책의 핵심 내용을 정확히 집어내 질문을 만들었다는 점이 놀라웠다.

아이들이 뽑은 질문 중 처음 소개할 이야기는 '메두사 엄마의 머리카락이 진짜 뜻하는 것은 무엇일까?'이다.

"보호인데, 꼭 필요한 보호가 아니라 과잉보호였던 것 같아요."

"트라우마 같아요. 어릴 때 생김새를 가지고 놀림을 당한 트라우마가 머리카락으로 나타난 것 같아요."

"완벽한 내 공간인 것 같아요. 내 맘대로 할 수 있고, 그걸 남에게 들키지 않을 수 있는 비밀 공간 같은 거요."

메두사의 머리카락이 상징하는 바를 여러 각도로 생각해 본 아이들은 메두사를 조금은 이해할 수 있을 것 같다고 했다.

'엄마의 머리카락 길이(보호)는 어느 정도가 적당할까?'라는 질문에는 미진이가 인상적인 답변을 내놓았다.

"엄마가 '아쉽다'고 느끼거나 '아깝다'고 느끼지 않을 만큼의 적당한 길이요."

"엄마의 머리카락 길이는 상관없어요. 중요한 건 엄마의 머리카락 길이가 어떻든 내가 스스로 원하는 것을 할 수 있는 의지예요."

그림책과 함께 한 질문과 답변을 통해 아이들의 사유가 얼마나 깊은지 알 수 있었고, 그것을 나누면서 서로의 생각이 더욱 확장되는 과정을 볼 수 있었다.

이 활동을 통해 양육자와 자녀의 관계에 관해 생각해 보았다면, 가족 간의 고민에 대해서도 현명한 답변을 내놓을 수 있지 않을까? 『메두사 엄마』를 읽고 나눈 질문과 답변을 그림책 『커다란 포옹』을 통해 표현해 보았다.

● 함께 읽고 활동해 볼까?

그림책 『커다란 포옹』은 독특한 작품이다. 주인공은 가족에 대해 이야기하지만 구체적인 가족의 겉모습은 등장하지 않는다. 빨간색 동그라미, 주황색 반원, 여러 개의 동심원 등 단순한 모양과 색을 통해 가족의 모습을 보여 준다. 그림책을 읽고 우리 가족을 그림책처럼 다양한 색과 간결한 모양으로 표현해 보면서 고민을 이야기 나누고, 가족 관계를 새롭게 바라보는 시간을 가졌다.

민선이는 먼저 커다란 노란색 동그라미를 바탕에 두었다. '같은 색 위에 서로 다른 개성을 섞었다'는 의미에서 아빠는 파란색, 엄마

『커다란 포옹』
(제롬 뤼예 글·그림, 명혜권 옮김, 달그림, 2019)

세상에는 다양한 형태의 가정이 있으며 무엇보다 중요한 점은 가족의 형태가 어떠하든 구성원들이 서로를 사랑해야 한다는 사실임을 알려 준다.

는 초록색, 언니는 주황색, 자신을 빨간색으로 정하고 부채꼴을 만들어 노란 바탕 위에 붙였다. 가족 구성원의 역할이 명확하기 때문에 크기는 똑같이 나눴다고 했다. 자신을 나타내는 빨간색에는 세모 조각이 붙어 있는데 가족들과 달리 혼자만 피부 아토피가 있어 고생하는 모습을 뜻한다고 했다. 민선이의 고민은 '가족들과 다른 외모'였다. 그림에도 표현했듯이 혼자만 아토피로 고생하고 있다 보니, 다른 가족은 민선이의 괴로움이나 아픔을 잘 몰라 줘서 외롭다고 했다.

"가족들이 내 몸 상태를 완전히 알아주기는 어려운 것 같아. 몸이 아파서 힘들 때는 무조건 말로 표현하고 짜증을 내기보다, 스스로 관리할 수 있는 방법을 찾아보면 어떨까? SNS에 기록하면 가족이 아닌 사람들도 공감하고 위로해 주지 않을까?"

반 아이들은 민선이에게 『메두사 엄마』에서 이리제가 학교에 가는 것처럼 가족 관계가 아닌 가족 바깥에서 해답을 찾아보길 권했다. 아토피는 숨기고 혼자 괴로워할 것이 아니

민선이가 표현한 가족.

라 드러내도 괜찮은 것이라며 민선이에게 용기를 주기도 했다.

그런가 하면 윤화는 엄마 아빠는 큰 원으로, 자신과 동생을 작은 원으로 표현했다. 엄마의 원 뒤에는 여러 색깔 색종이로 소용돌이 모양을 표현했는데, 이는 워킹맘으로 매일 바쁘고 정신없이 살면서 짜증도 많고 화도 많은 엄마의 모습을 표현한 것이라고 했다. 윤화는 다른 가족이 아무리 집안일을 돕고 자기 일을 열심히 해도 항상 짜증이 나 있는 엄마의 기분을 어떻게 하면 풀어 줄 수 있을지 궁금해했다.

"우선 엄마가 하는 집안일을 종이에 써 달라고 한 뒤, 가족이 할 수 있는 것을 나누는 가족 회의 시간을 만들면 어떨까?"

진호는 실과 시간에 배운 집안일 배분하는 법을 생각해 내고, 그것을 적용하기를 추천했다.

윤화가 표현한 가족.

"한 달에 한 번은 엄마만의 날을 만들어서 그날은 엄마가 하고 싶은 일을 하며 마음껏 휴식하실 수 있게 도우면 어떨까?"

정수는 자기 집에 한 달에 한 번씩 '엄마의 날'뿐만 아니라 '할머니의 날'과 '정수의 날'도 있다며 이날이 늘 기다려진다고, 윤화네 집도 한번 만들어 보라고 제안했다.

가족을 어떤 색의 종이로 표현할지, 어떤 크기와 모양으로 나타낼지 고민해 보는 시간을 통해 가족 개개인의 역할과 개성을 다시 한번 생각하는 계기가 만들어졌다. 직접 표현한 모양을 보고 고민을 나누며 이야기하는 과정에서 혼자만 갖고 있던 생각에서 벗어날 수 있었다. 동시에 시각을 넓혀 더 큰 틀에서 문제를 바라볼 수 있게 되었다.

반 아이들 모두가 어떤 형태든 '가족'이라는 작은 사회 속 구성원으로 시작해 자신의 역할을 배우고 성장해 나가게 된다. 나와 가족, 그리고 그 사이의 관계를 살펴보며 고민을 해결해 나가는 과정은 성숙한 사회 구성원이 되기 위한 첫걸음이라고 할 수 있다.

3-2 [친구] 친구는 어떻게 사귀는 걸까?
『핑!』 『우정 그림책』

> **「너랑 나랑 연결 질문」 기법 / 「빈칸 엔딩」 기법 응용**
>
> ① 그림책으로 생각 열기
>   - 친구는 어떻게 만들어야 할까?
> ② 내가 한 '핑' 떠올려 이야기 나눠 보기
>   - 내가 먼저 손 내밀었던 경험은?
> ③ 내가 받은 '퐁' 떠올려 이야기 나눠 보기
>   - 내 표현에 대한 상대 반응 중 기억에 남은 것은?
> ④ 내가 받은 '퐁'의 의미 생각해 보기
>   - 상대의 반응에서 무엇을 얻을 수 있을까?
> ⑤ 나와 친구의 관계 들여다보기
>   - 우리 반 핑퐁 관계도에는 어떤 내용이 채워질까?
> ● 함께 읽고 활동해 볼까?
>   - 『우정 그림책』과 질문 퍼즐 맞추기

① 그림책으로 생각 열기

코로나19 이후 교실 풍경은 많이 달라졌다. 거리두기를 강조하며 친구들 간에도 대화나 접촉을 최대한 적게 하도록 애쓰고 있다. 예전에는 중간 놀이 시간이 있어 친구들과 다양한 활동을 하며 친해질 수 있었는데, 방역 문제로 쉬는 시간도 줄어들었고 공동 놀잇감을 가지고 놀 수도 없게 되었다. 게다가 맨날 마스크를 쓰고 있으니 서로의 얼굴도 잘 모른다. 그러다 보니 유독 마음에 걸리는 아이가 있었다. '얘는 이름이 뭐예요?'라고 6개월이 지나도록 아이들이 질문하는 아이, 지아였다.

　지아는 코로나19가 한창이던 때에 전학을 왔다. 유달리 목소리도 작고 소극적인 지아는 5분밖에 안 되는 쉬는 시간에 더 움츠러들었다. 삼면으로 둘러 쌓인 투명 칸막이 안에서 친구들을 관찰하기만 했다. 지아가 먼저 친구들에게 말을 거는 일도, 누가 지아에게 말을 거는 일도 없었다. 마치 교실 한가운데 고립된 섬 같았다.

　친구란 어떻게 만들어야 할까? 관계는 어떻게 시작해야 할까? 그림책 『핑!』과 함께 이야기를 나눠 보고자 마음먹었다. 『핑!』의 표지에는 새하얀 바탕에 빨간 옷을 입은, 볼이 발그레한 아이가 조그마한 탁구채를 들고 서 있다.

　이 세상에서 우리는 '핑'만 할 수 있다는 알쏭달쏭한 말로 그림책이 시작된다. '핑'의 정체는 무엇일까? 궁금증을 품고 책장을 넘기면 '퐁'이 등장한다. 이 '퐁'은 내가 아닌 오직 타인만 할 수 있다. '퐁'의 주인공은 '핑' 하고 날아온 공을 자신의 탁구채로 받아친다.

　'핑'이 환한 웃음이어도 퐁은 다를 수 있다. 내가 미소를 지었을 때 상대방도 미소를 지을 수 있지만, 두려움, 언짢음, 무반응이 나올 수도 있다. '퐁'이 기대와 다를지라도, 퐁은 친구의 몫이기에 어떤 대답이 돌아올지 정하거나 강요할 수 없다.

　'핑'을 표현하는 방법은 편지부터 손가락으로 톡톡 보내는 문자까지 다양하다. 그림책 마지막 즈음에는 수많은 탁구공이 나오는 장면과 대사에 가슴이 뭉클해진다. '우리가 살아가며 다양한 퐁을 원한다면, 먼저 많은 핑을 해야 한다는 것을 기억하세요!'

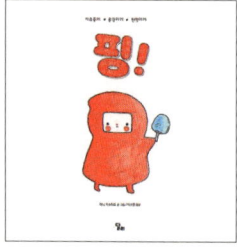

『핑!』
(아니 카스티요 글·그림, 박소연 옮김, 달리, 2020)

상대와 소통하며 겪을 수 있는 일을 탁구에 빗대 표현했다. 내 마음이 상대에게 잘 도착하도록 표현하는 법, 상대의 반응이 예상 밖일 때 어떻게 하면 좋을지 등을 철학적으로 생각해 볼 수 있다.

아이들이 '핑'과 '퐁'으로 연결되었던 경험에 관한 이야기를 들어 보고 싶어졌다. 어떤 용기를 내어 '핑'을 했는지, 어떤 마음으로 '퐁'을 보냈는지 「너랑 나랑 연결 질문」 기법과 「빈칸 엔딩」 기법을 함께 활용해 보기로 했다.

② 내가 한 '핑' 떠올려 이야기 나눠 보기

내가 지금까지 한 '핑'은 무엇이 있을까? 아이들에게 자신이 먼저 손을 내밀었던 경험을 물어보며 빈칸 엔딩 기법으로 다음 문장을 채워 보도록 했다.

> 내가 한 '핑'은 _____다. 왜냐하면 / 어떻게 된 거냐면 _____다.

지연이는 내가 한 핑은 '장갑 한 짝'이라고 발표했다. 눈이 펑펑 내려 운동장으로 나가 눈사람도 만들고 눈싸움도 했던 날, 장갑을 가져오지 않은 친구에게 자신의 장갑 한 짝을 나눴던 경험을 떠올렸다. 그런가 하면 현우는 자신의 핑이 '뭐해?'라는 문자라고 발표했다. 친구에게 먼저 용기 내 보낸 문자로 같이 온라인 게임을 시작하게 되면서 친해졌다는 이야기였다. 아이들이 이야기한 것 중에는 예상치 못한 핑도 있었다. 미애가 보낸 핑은 '놀림'이었다. 관심을 표현하고 싶은데 그냥 말을 걸면 마음을 들킬까 봐 먼저 별명을 부르며 놀렸다는 것이었다.

③ 내가 받은 '퐁' 떠올려 이야기 나눠 보기

긍정적인 기억이 많았던 '핑'과 달리 내가 받은 '퐁'에는 부정적인 기억이 많았다. 아무래도 전혀 예상치 못한 반응을 얻었을 때 마음에 상처가 남고, 곱씹게 되는 것 같았다. 이번에도 빈칸 엔딩 기법을 활용하여 문장을 채워 보고 이야기를 나눴다.

> 내가 받은 '퐁' 은 _____다. 왜냐하면 / 어떻게 된 거냐면 _____다.

　　은주는 내가 받은 '퐁'이 절교라는 문장을 써냈다. 친구의 행동에 대해 조언을 했는데, 친구가 절교를 선언했다고 했다. 성수는 내가 받은 퐁을 무시라고 썼다. 친구가 발명 경진 대회를 나간다며 아이디어를 생각해 달라고 해 최선을 다해 여러 아이디어를 말해 줬는데, 친구는 다 마음에 안 든다며 무시했다는 것이었다. 영훈이는 퐁을 껍질이라고 썼다. 친구에게 편의점에서 아이스크림을 사 줬는데, 한입 먹어 보라는 소리나 고맙다는 말도 없이 껍질이나 버리고 와 달라고 했다는 것이다.

④ 내가 받은 '퐁'의 의미 생각해 보기

그림책 『핑!』은 내가 받은 '퐁'이 그 무엇이든 의미가 있다며 그 의미를 곱씹어 보라 말한다. 배울 것이나 생각할 것, 고마운 것이 있을 수도 있다고 한다. 책 속에서 언급된 '퐁'의 종류를 번호로 나눠 내가 받은 퐁이 과연 어디에 해당하는지 골라 보고, 그 이유를 생각해 보게 했다.

> 1. 배울 것이 있었어요.
> 2. 생각할 것이 있었어요.
> 3. 고마운 것이 있었어요.
> 4. 도전해 볼 것을 찾을 수 있었어요.
> 5. 지워야 할 것이 있었어요.
> 6. 이제 놓아야 할 것이 있었어요.
> 7. 마음을 가라앉히기 위해 휴식이 필요한 일이었어요.

은주는 자신이 받은 '절교'라는 퐁이 1번 '배울 것이 있는 퐁'이라고 표현했다. 친구에게 함부로 충고나 조언을 하지 않아야 한다는 것을 배웠다고 했다. 물론 그런 점을 찾기 위해서 7번, 아주 긴 휴식이 필요했기 때문에 은주의 퐁은 7번이었다는 말도 덧붙였다.

영훈이는 자신이 받은 '아이스크림 껍질'이라는 퐁이 4번, 도전해 볼 것을 찾을 수 있었던 퐁이라고 말했다. 친구에게 서운한 마음을 계속 품고 있기보다 용기를 가지고 자기 의사를 표현하는 도전을 해 보겠다고 했다. 친구에게 '고맙다'고 말해 줬으면 좋겠다거나 '한입만 줘.'라는 이야기를 건네겠다고 말이다.

⑤ 나와 친구 관계 들여다보기

이제 우리반 핑퐁 관계도를 통해 나와 친구를 알아보기로 했다. 나와 친하거나 친해지고 싶은 친구 즉 '핑'을 보내고 싶은 친구 다섯 명을 적고 그 사람의 장점을 써 보도록 했다. 반면 사이가 좋지 않거나 상대하기 불편한 '퐁'을 보내는 친구도 다섯 명을 골라 보고 그 사람에게 고쳐야 할 점을 조언해 보라고 했다. 물론 상대의 장단점뿐만 아니라 자신의 학습 태도, 친구 관계, 예절 생활을 스스로 써 보는 칸을 만들어 자신의 생활도 반성해 보도록 했다.

핑퐁 관계도를 보니 미처 파악하지 못했던 아이들의 교우관계와 평소 생활이 보였다. 특히 고칠점을 조언하며 무조건 불만을 말하기보다 진심을 다해 따뜻한 제안을 해 주는 아이들의 글이 뭉클하기도 했다.

| 우리 반 핑퐁 관계도 |

나의 생활 반성해 보기

나의 학습 태도	
나의 친구 관계	
나의 예절 생활	

일시 :   작성자 이름 :

　작성된 핑퐁 관계도는 함께 모아 교사가 보고 언어를 순화하는 작업을 거쳐 각자에게 '핑퐁 보고서' 형식으로 나눠 주었다. 아이들이 받은 핑퐁 보고서 중 일부를 소개한다.

핑퐁 보고서

이름: 박**

칭찬	1. 착하고 인성이 바르다. 2. 배려심이 깊다. / 누구에게나 배려를 잘한다. 3. 항상 주변을 살피고 친절하게 돕는다. 4. 잘못한 게 있으면 바로 인정한다. 5. 착하다. 6. 최선을 다한다. 7. 친구에게 친절하고, 잘 대해 준다. 8. 예의 바르다. 9. 일인 일역을 열심히 하고 상냥하다.
고칠 점 조언	1. 너무 착해서 먹을 것이나 물건을 다 주는데, 자기 것도 챙겼으면 좋겠다. 2. 사소한 일에도 사과를 한다. 그래서 어떤 사람들은 **이를 무시할 수 있다. 조금만 덜 착해도 될 것 같다.

핑퐁을 받은 나의 생각 :

핑퐁 보고서

이름: 유**

칭찬	1. 친절하게 말해 준다. 2. 체육할 때 협동을 잘한다. 3. 잘못된 일을 보면 고치려고 한다. 4. 재미있다.
고칠 점 조언	1. 상대방 의견을 잘 들어 주었으면 좋겠고, 다 아는 행동을 트집 잡지 않았으면 좋겠다. 2. 친구들 말을 제대로 듣지 않는 점을 고치면 좋겠다. 3. 질문을 너무 많이 한다. 미리 예습을 조금 해 온다면 좋을 것 같다. 4. 쓸데없는 말을 큰 소리로 하지 않았으면 좋겠다. 5. 다른 친구들 의견도 들어 주면 좋겠다.

핑퐁을 받은 나의 생각 :

나의 장점과 단점을 다른 사람의 관점으로 바라본 아이들은 어떤 기분이었을까? 핑퐁 보고서를 받은 나의 생각을 다음 날까지 적어 오게 했다. 고칠 점 조언에 화가 났을 것 같기도 하고, 속상했을 것 같기도 한데 아이들은 퐁의 의미 일곱 가지를 곱씹으며 나름의 생각을 잘 풀어냈다.

너무 착한 게 문제라는 이야기를 들은 아이는 먹을 것이나 물건 등을 다 나눠 주는 일이 친구들에게 오히려 조언을 받을 만한 행동이라는 것을 몰랐다며, 앞으로 무조건 나누지 않고 자기 마음의 소리를 듣고 거절하는 법도 알아야겠다고 썼다. 말이 너무 많고 친구들의 의견을 들어 주지 않아 문제라는 조언을 받은 아이는 친구들을 재미있게 해 주려고 한 말들이 오히려 불편한 퐁이 될 줄 몰랐다며, 재미와 존중 사이의 길을 찾아봐야겠다고 다짐했다.

● 함께 읽고 활동해 볼까?

『우정 그림책』은 우정을 느낀 순간들을 한 장면, 한 장면 멋진 그림과 간결한 글로 표현한 그림책이다. 이 책을 읽으면 친구와 함께 했던 경험, 함께 느꼈던 감정들이 새록새록 되살아난다. 작가들은 우정에 대한 수많은 질문을 바탕으로 다양한 사람들을 인터뷰하며 그림책을 썼다고 한다.

졸업 후에도, 20~30년 후에도 친구로 남을 수 있을지, 우리는 서로 어떻게 순식간에 친밀해질 수 있었을지, 우리는 얼마나 먼 길을 같이 온 건지…… 시적이고 탁월한 문장들이 우정이라는 관계를 깊이 성찰하게 한다.

그림책을 함께 읽은 뒤, 작가들이 이 책을 만들며 던졌던 질문을

『우정 그림책』
(하이케 팔러 글, 발레리오 비달리 그림, 김서정 옮김, 사계절, 2021)

우정의 단면들을 위트 있는 글과 서정적인 그림으로 보여 준다. 우정은 증폭되기도 하고 시간이 흐르며 사그라들기도 하지만 단단한 연대를 바탕으로 한 관계는 흔들리지 않음을 느낄 수 있다.

소개했다. 아이들도 '우정'에 관해 생각하며 떠오른 질문들이 있을까? 아이들에게 우정에 관해 무엇이 궁금했는지 물어보았다.

"진짜 친구란 무엇일까?"

"내게 우정을 느끼게 해 준 첫 친구는 누구였을까?"

"지금의 우정이 영원할 수 있을까?"

아이들의 질문들을 모아 '우정 조각 찾기 놀이'를 했다. 먼저 질문들을 네 조각짜리 퍼즐 도안에 각각 옮겨 적고 교실 곳곳에 조각을 숨겨 둔다. 하나의 질문에서 떨어져 나온 조각을 가진 친구들이 모여 질문을 완성하고 답변까지 하면 비로소 미션이 완수된다. 평소 친하지 않았던 친구들과도 함께 생각이나 경험을 나눌 수 있다 보니 우정이라는 주제와도 잘 맞는 활동이다.

3-3 [협동, 공존] 함께한다는 것의 의미는?
『풀밭 뺏기 전쟁』, 협동을 주제로 한 그림책

> **「주인공 체인지」 기법 응용**
>
> ① 그림책으로 생각 열기
>   - 우리 반에 제멋대로 행동하는 아이, 다른 아이들을 괴롭히는 아이가 있다면 어떻게 해야 할까?
> ② 타인의 입장에서 문제 파악하고 해결 방법 생각하기
>   - 내가 토끼라면 어떻게 했을까?
> ③ '괴롭힘 정도'를 수치로 분류하기
>   - 우리 반 '괴롭힘 지수'에는 어떤 행동들이 있을까?
> ④ 입장 바꿔 생각해 보기
>   - 2주간 생활한 뒤 느낀 점은?
> ⑤ 같이 어울리는 우리 반 만들기
>   - 우리 모두 친구가 될 수 있는 실질적인 해결법은?
> ● 함께 읽고 활동해 볼까?
>   - 협동을 주제로 한 그림책과 관련 놀이들

① 그림책으로 생각 열기

그날은 산호가 체험학습으로 학교를 안 왔을 때였다. 우리 반 아이 한 명이 큰 소리로 말했다.

"아, 오늘 산호 안 와서 너무 좋아요!"

그 이야기에 동의하는 말이 여기저기에서 터져 나왔다.

"애들아, 내가 결석했을 때 친구들이 내가 안 와서 좋다고 큰 소리로 말하고 다니면 기분이 어떨 것 같니?"

아이들의 행동을 제지했지만, 아이들은 멈추지 않고 오히려 자신의 행동을 변호했다.

"솔직히 산호 있으면 맨날 애들 때리고 다니고 선생님도 자주 화 내시잖아요."

"산호 있으면 게임도 눈치 보면서 해야 하고 물건도 자기 맘대로 가져가니까 불편하단 말이에요. 산호만 없으면 우리 반 딱 좋은데."

아이들은 산호만 규칙을 지켜 주면 우리 반의 모든 문제가 해결될 것같이 이야기했다. 그 심정을 이해하면서도 마음 한구석이 무거워지는 것은 어쩔 수 없었다. 이 문제를 함께 이야기 나눠 보고 싶었다. 그래서 선택한 그림책이 바로 『풀밭 뺏기 전쟁』이었다.

그림책의 배경이 되는 풀밭은 세상에서 가장 푸르고 보드라운 곳이었다. 이 풀밭은 토끼들과 개들이 함께 사용하고 있었는데 토끼들은 개들 때문에 너무나 괴로웠다. 토끼가 먹을 풀 위에 똥과 오줌을 싸 놓고, 틈만 나면 쫓아다니며 물기까지 했기 때문이다. 그래서 토끼들은 성가신 개들을 몰아내고 풀밭을 독차지할 계획을 세웠다. 빨대로 가짜 이빨을 만들어 위협하는 방법이었다. 이 계획은 성공했다. 개들이 사라진 풀밭에서 토끼들은 평화를 즐겼다. 그런데 문제가 생기기 시작했다. 풀이 전처럼 푸르지도 않고 풀 맛이 좋지도 않았던 것이다. 개들의 똥과 오줌이 거름이 되어 풀밭을 비옥하게 했다는 것, 개들이 쫓아오며 뛰어다닐 때 흙을 다지고 건강하게 했다는 것을 깨달은 토끼들은 다시 개들을 풀밭으로 오게 한다. 그림책을 읽고 아이들이 만든 질문 중 우리 반 상황에 적용하여 생각해 볼 질문을 발견했다. 바로 "우리 반에 그림책 속 '개' 같은 아이가 있다면 어떻게 할까?"라는 질문이었다. 이를 주제로 아이들이 스스

『풀밭 뺏기 전쟁』
(바두르 오스카르손 글·그림, 권루시안 옮김, 진선아이, 2020)

토끼에게는 개가, 개에게는 토끼가 눈엣가시이다. 그런데 한쪽이 사라진다면 풀밭 생태계는 엉망이 되고 만다. 나와 생각이 다른 사람도 우리 사회에 꼭 필요한 구성원이기 때문에 열린 마음으로 바라보는 태도가 필요하지 않을까?

로 문제를 해결하기 위해 어떤 의견을 내놓는지 살펴보았다.

② 타인의 입장에서 문제 파악하고 해결 방법 생각하기

「주인공 체인지」 기법을 응용하여 먼저 이야기 속 상황에 나를 대입해 보았다. 개인적인 차원에서 토끼에게 감정을 이입해 볼 수 있도록 '내가 토끼라면 어떻게 문제를 해결하려고 할까?'라고 질문을 던졌다. 나의 경험을 바탕으로 대답할 수도 있고, 내가 할 생각이나 행동을 묻는 질문이 될 수도 있었다.

"문제를 일으킨 친구들은 청소하며 반성하게 해요. 작년 반에서는 그렇게 했어요."

"다른 아이를 때릴 때마다 반성문을 한 장씩 쓰게 해요."

아이들은 문제 상황을 일으킨 사람을 처벌하자는 해결 방법을 내놓았다.

"얘들아, 그 방법을 쓰면 문제가 해결될까?"

"해결되지는 않더라도 그 아이가 조심은 하지 않을까요?"

"해결되지 않을 것 같아요. 그냥 벌 받는 애들 기분만 나빠질 것 같아요."

"그리고 이건 저희 스스로 문제를 해결하는 법이 아닌 것 같아요. 반성문 쓰는 것도 그렇고 청소시키는 것도 그렇고 선생님의 힘이 필요하잖아요."

민영이가 말하자 아이들은 동의했다.

"그래. 만약 이렇게 문제를 해결하려고 한다면 토끼들이 호랑이를 데리고 와서 대신 개들을 혼내 달라고 하는 것이랑 똑같지 않을까? 그럼 너희 스스로 해결하는 방법에는 무엇이 있을까?"

③ '괴롭힘 정도'를 수치로 분류하기

아이들은 다시 고민하기 시작했다. 이번에는 내가 생각하는 방법이 과연 '우리 반'이라는 집단에 적용했을 때 알맞은 방법인지 고민의 과정을 한 번 더 거쳐 말해 보았다. 주인공 체인지 기법의 두 번째 단계인 '나'에서 '우리'로 시선 확장하는 법을 적용한 것이다.

"제멋대로 행동하고, 다른 아이들을 괴롭히는 '개'들이 있다면, 우선 그게 괴롭힘이 될 수 있다는 사실부터 알려 줘야 할 것 같아요."

그림책에서 개들이 토끼들을 괴롭히는 이유는 딱히 없다. 그렇게 하라고 머리가 시킨다는 말로 개들의 괴롭힘을 설명한다. 당하는 입장인 토끼들에게는 정말 분통 터지는 이유다. 그렇기 때문에 아이들은 개들에게 토끼들이 얼마나 괴로운지 설명하는 일부터 시작해야 할 것 같다고 했다.

"그럼 어떤 것이 괴롭힘이 될 수 있는 행동인지 같이 말해 볼까?"

먼저, 핀란드 학교 폭력 예방 자료인 '학교 폭력 지수'를 바탕으로 하여, 괴롭힘이 될 수 있는 행동을 1에서부터 9까지 수치로 나누어 보았다. 그 수치를 참고하여 우리 반 괴롭힘 지수도 정해 보았다.

강도	핀란드 학교 폭력 지수
1	드러내지 않고 은근히 따돌림
2	나쁜 표정을 짓거나 나쁜 눈빛으로 바라봄
3	나쁜 별명을 붙이고 놀림
4	나쁜 소문을 내거나 모욕을 줌
5	못살게 굴거나 노골적으로 따돌림
6	위협하고 협박함
7	물건을 훔치거나 망가뜨림
8	발로 차거나 몸을 때림
9	흉기로 위협하거나 상처를 입힘

강도	우리 반 괴롭힘 지수
1	말을 거는데도 무시하며 대답하지 않거나, 없는 사람인 것같이 행동함
2	째려보거나 손가락 욕, '18'이나 '에이 씨' 같은 기분 나쁜 말을 함
3	싫어하는 별명을 붙이고 계속 말함
4	누구랑 누가 좋아한다는 소문을 내거나 신체적인 특징을 가지고 모욕을 줌(키가 작다, 못생겼다)
5	놀이에 절대 끼워 주지 않거나 자기 마음대로 되지 않을 때(특히 게임에 졌을 때) 큰 소리를 지르거나 화를 내거나 계속 귀찮게 함(말을 걸거나 툭툭 침)
6	같이 쓰는 물건을 혼자만 쓰려고 하거나 다른 친구들과 놀지 못하게 방해함
7	물건을 훔치거나 망가뜨림
8	발로 차거나 몸을 때림
9	빗자루, 리코더 등 딱딱하거나 날카로운 물건을 휘둘러 위협하거나 돈을 빌린다며 뺏거나 상처를 입힘

아이들이 동의하여 만든 우리 반 괴롭힘 지수를 바탕으로, 괴롭힘이 되는 행동이 있으면 이게 어느 정도에 해당하는 것인지 이야기를 해 주기로 했다.

④ 입장 바꿔 생각해 보기

2주 동안, 내가 괴롭힘이라고 느낀 행동을 괴롭힘 지수로 분류하며 새로 알게 된 점이나 우리 반의 변화를 글쓰기 공책에 써 보았다. 산호를 너무나 싫어했던 혜진이의 글이 의외였다.

> 〈괴롭힘 지수〉
> 괴롭힘 지수가 처음 만들어지고 나서 정말 좋았다. 산호는 특히 나한테 강도 3(싫어하는 별명 부르기)이랑 강도 5(몸을 툭툭 치는 것)를 자주 했는데 강도 5의 행동이 많이 줄어들었다. 그게 얼마나 괴로운 건지 이제야 좀 안 것 같았다.
> 그런데 산호는 내가 자기한테 강도 1(옆에서 말을 거는데도 무시함)을 해서 화가 나 나를 툭툭 치게 되었다고 말했다. 나는 사실 산호가 자꾸 괴롭힌다고 생각해서 그동안 무시해 왔는데, 내가 한 행동도 괴롭힘이었다고 하니 조금 미안해졌다.

　'토끼'의 입장만 반영한 것이 아니라 '개'에게도 해당될 수 있는 객관적인 지수를 만들어 자신의 행동을 돌아보니 자신이 방어하고자 한 행동도 괴롭힘이 될 수 있었다는 이야기가 인상적이었다. 그럼, 괴롭힘에는 괴롭힘으로 대응하는 것이 올바른 행동일까? 상대방이 8로 괴롭혔을 때 내가 1로 대응한다면, 그것도 올바른 행동이라고 말할 수 있을까?

⑤ 같이 어울리는 우리 반 만들기

"'눈에는 눈, 이에는 이'라는 거잖아요. 이렇게 자꾸 복수하듯 서로 괴롭히면 문제는 해결 안 되고 저희 반이 엉망이 될 것 같아요."

아이들은 괴롭힘에 괴롭힘으로 대응하는 방식이 좋지 않다고 대번에 이야기했다. 높은 지위의 사람이 내리는 '벌'이나 맞대응식의 '괴롭힘'을 해결책으로 삼을 수 없다면, 어떤 것이 해결의 실마리가 될 수 있을까?

보드랍고 촉촉한 풀밭은 토끼들이 개들을 '적'이 아닌 '친구'로 받아들였을 때 가능했다. 개들과 토끼들이 공존하게 된 것처럼 우리 모두를 '친구'로 엮어 줄 수 있는 활동은 무엇일지 생각해 보았다.

"같이 요리 실습을 하면 좋을 것 같아요. 각자 재료를 가지고 오고, 협동해서 음식을 만들어 먹으면 친구가 될 것 같아요."

"협동할 수 있는 게임을 하면 좋을 것 같아요. 다 같이 힘을 합쳐 탑 쌓기나, 줌 수업에서 숨은그림찾기를 같이 하면서 협동하면 좋을 것 같아요."

아이들은 여러 시행착오를 겪었지만 결국 가장 적절한 해결 방안을 찾아냈다. 아이들의 의견대로 요리 실습을 해 보기도 했고 다 같이 힘을 합쳐 할 수 있는 놀이도 개발해 보기로 했다.

● 함께 읽고 활동해 볼까?

승부욕이 강한 아이들 중에는 승패가 갈리는 놀이에서 이기지 못하면 반드시 불만을 표시하거나 이긴 팀 친구들에게 화풀이를 하는 경우가 있다. 경쟁 요소를 줄이거나 없애고 협동을 중점으로 하는 놀이를 만들 수는 없을까? 협동을 다룬 그림책을 읽어 보며 함께 놀이를 만들어 보았다. 오른쪽 페이지에 소개한 그림책과 간단한 활동을 통해 아이들은 '힘을 합친다'는 것의 의미를 깨달을 수 있었다.

놀이에서 누구도 배제되거나 비난받지 않고, 협동을 해야만 이길 수 있는 조건을 마련해 두니 아이들 사이에도 서로를 배려하는 마음이 싹텄다. 나와 다른 누군가와 함께 살아간다는 것은 쉬운 일이 아니다. 타인과 어울릴 때 생기는 여러 문제를 모두가 힘을 합쳐 슬기롭게 해결해 나간다면, 한층 더 성숙한 아이들과 만날 수 있을 것이다.

■ 협동을 주제로 한 그림책과 활동

순서	그림책 제목	줄거리	협동놀이
1	『파란 공이 나타났다』 (스티브 앤터니 글·그림, 김세실 옮김, 올파소, 2020)	초록 도마뱀들과 빨간 네모들만 가득했던 도시에 새롭게 등장한 파란 공이 있다. 도마뱀과 네모와 공이 편견을 깨고 함께 어울린다.	커다란 짐볼을 보자기에 올려서 함께 옮기며 시간을 단축해 본다.
2	『코끼리』 (앤서니 브라운 글·그림, 하빈영 옮김, 현북스, 2015)	길을 잃은 새끼 코끼리는 다른 동물들에게 도움을 요청하지만 함께 길을 찾는 동물은 생쥐뿐이다.	작고 연약해 보이는 두 캐릭터가 '길'이라는 공동의 목표를 갖고 나아간다. 그 과정을 미로에 비유한 놀이. 친구들과 도미노로 미로를 만들고 쓰러뜨려 도미노가 끊기지 않고 넘어지는지 본다.
3	『우리가 손잡으면』 (야우야요 글·그림, 월천상회, 2020)	작은 벽돌들이 손을 잡고 잡아 멋진 건물과 마을, 나아가 세계를 완성한다.	한 명 한 명이 작은 벽돌처럼 손을 잡고 잡는다. 연결된 상태로 훌라후프를 넘겨서 가장 첫 사람부터 마지막 사람까지 통과하는 시간을 단축해 본다.

4 | 세계로 시선 넓히기

4-1 [생명] 죽음에 관해 생각해 보기
『여행 가는 날』『기억의 풍선』

「너랑 나랑 연결 질문」 기법 / 「빈칸 엔딩」 기법 응용

① 그림책으로 생각 열기
   - 내가 생각하는 죽음 뒤의 세계는 어떤 모습일까?
② 짝토의해 보기
   - 죽음 뒤의 세계가 과연 존재할까?
③ '죽음은 _____다.'라고 정의하고 이유 써 보기
   - 죽음이란 무엇일까?
④ 나만의 정의를 바탕으로 이야기 만들어 보기
   - 죽음이 _____라면 어떤 이야기가 숨어 있을까?
● 함께 읽고 활동해 볼까?
   - 『기억의 풍선』 읽고 가족 인터뷰하기

① 그림책으로 생각 열기

그림책 『여행 가는 날』은 밤늦은 시각, 주인공 할아버지 집에 손님이 찾아오며 시작된다. 몸이 반투명하고 체구가 조그마한 손님을 보고 할아버지는 부지런히 여행 떠날 준비를 한다. 둘은 어디로 여행을 떠나는 걸까? 손님은 그곳에 '할머니'가 기다리고 있다고 한다. '슬프지 않느냐'는 손님의 질문에 할아버지는 남겨진 사람들이 슬퍼할까 봐 그게 미안하다고 대답한다.

할아버지가 남겨 두고 간 쪽지에는 이런 말이 쓰여 있다.

'나는 그리운 사람을 만나러 가는 거란다.'

『여행 가는 날』
(서영 글·그림, 위즈덤하우스, 2018)

우리는 죽음을 무섭고, 두렵고, 부정적인 순간으로 인식하지만 이 그림책은 그 생각을 전환해 준다. 죽음은 누구나 맞이하는 것이며 너무 험난한 여정은 아닐지도 모른다고, 그 여행길의 끝에서 우리가 그리워하던 사람을 만날 수도 있다고 이야기한다.

그림책을 읽고 죽음 뒤의 세계를 생각하며 글이나 그림으로 표현하는 시간을 가졌다. 나눠 준 학습지를 가득 채우느라 사각거리는 연필 소리가 들렸다. 죽음이란 너무 어렵고 힘든 주제일 줄 알았는데 아이들도 죽음에 대해 상상도 많이 해 보고 관심도 많았구나, 싶은 생각이 들었다. 그런데 성찬이가 연필도 잡지 않고 멍한 표정으로 앞을 보고 있었다.

"성찬아, 왜 아무것도 안 하고 있니? 어렵니?"

"아뇨."

성찬이는 자기 생각을 바로 말하지 않고 뜸을 들였다.

"괜찮아. 어려우면 선생님이 도와줄 테니 말해 볼래?"

"어려운 게 아니고요, 선생님. 저는 죽음 뒤의 세계가 없다고 생각해서 그릴 게 없는데 어떡해요?"

갑작스러운 기습에 뒤통수를 세게 맞은 느낌이었다. 그림책을 따라 제시한, '죽음 뒤의 세계가 있다.'라는 당연한 틀을 거부하는 신선한 성찰이었다. 내가 준 질문을 벗어난 고민이 담긴 자발적 질문을 듣고 반 아이들에게 물어봤다.

"성찬이는 죽음 뒤의 세계가 없다고 생각한다는데 혹시 같은 생각을 하는 친구들이 있니?"

열심히 글과 그림을 그리던 아이 중 몇 명이 손을 들었다.

"저도 그렇게 생각해요."

"저도 죽으면 끝이라고 생각하는데요."

성찬이의 생각을 듣고 아이들이 하나둘씩 자신의 이야기를 꺼내기 시작했다.

② 짝토의해 보기

우선 성찬이가 스스로 던진 질문을 존중하여 '죽음' 뒤의 세계가 있을지 여부를 두고 짝토의를 나눠 보았다. 짝토의 형식은 「너랑 나랑 연결 질문」기법의 꼬리 잡기 질문 기법을 응용했다. 상대방이 죽음 이후에 관해 자신의 생각을 말하면, 그 핵심 내용에 자신의 생각을 덧붙이거나 되묻는 방법을 사용했다.

짝토의의 열기가 얼마나 대단했는지, 학교가 끝나고 집에 갈 시간이 되었는데도 계속 이야기하고 싶어 하는 아이들이 있을 정도였다. 죽음 뒤의 세계가 없다고 생각하는 성찬이와, 죽음 뒤의 세계가 있다고 생각하는 새롬이 둘이 남아 방과 후에도 계속 이야기를 이어 나갔다.

얼마 전 집에 놀러 온 외삼촌과 이런저런 이야기를 나누던 성찬이는 외삼촌이 한 말에 충격을 받았다고 했다.

"너네 엄마도 언젠가는 죽어. 아마도 너보다 빨리 죽겠지. 가는 데는 순서 없다."

죽음이라는 것을 막연하게 생각하고 있었는데 당장이라도 엄마가 죽을 것 같고, 자신보다 빨리 죽는다는 사실도 너무 공포스러워 잠이 잘 안 왔다고 했다. 엄마한테 이런 고민을 털어놓기도 무섭고 선생님한테도 말할 수가 없어서 성찬이는 죽음이란 무엇인지 혼자 한참 고민했다고 했다. 그러다 도달한 결론이 '죽음 뒤의 세계는 없다, 끝이다.'였다. 아무리 생각해 봐도 죽음은 죽음이지, 그 뒤에 어떤 세계가 있다거나 새로운 일이 일어난다는 것은 불가능해 보였다는 것이다.

성찬이의 이야기를 들은 새롬이가 자신의 의견도 말했다.

"나는 죽고 나면 천국이나 지옥으로 간다고 생각해."

"나는 천국이나 지옥은 없고 이번 생이 마지막이라고 생각하는데."

성찬이의 말에 새롬이가 다시 물었다.

"죽음 뒤의 세계가 없다고 생각하면 천국에 안 가도 되니까 이번 생은 막살아도 괜찮다고 생각하는 거야?"

"아니? 오히려 반대지. 죽음 뒤에 세계가 없다고 생각하기 때문에 한 번뿐인 인생 후회 없이 살려고 노력하는데?"

아이들의 대화는 흥미로웠다. '죽음 이후'에 대한 둘의 생각은 정반대였지만, 둘이 추구하는 삶의 태도는 비슷했다. 천국에 가기 위해 착하게 살겠다는 새롬이와 한 번뿐인 인생을 후회 없이 살기 위해 바른 삶을 살아가겠다는 성찬이의 태도는 무척이나 닮아 있었다.

둘은 죽음을 앞둔 감정에 관해서도 이야기를 나눴다.

"그런데 성찬아, 죽음 이후에 모든 것이 끝이라면 무섭지 않을까?"

"나는 죽으면 끝이라고 생각해서 오히려 두려움도 없어. 다만 죽음에 이르는 과정이 고통스러울까 봐 좀 무섭긴 하지."

"나는 죽으면 천국에 갈 거라고 믿어. 그래서 죽음이 두렵지 않아."

③ '죽음은 _____ 다.'라고 정의하고 이유 써 보기

이날의 대화가 아이들 머릿속에 오래 남았던 모양이었다. 성찬이와 몇몇 아이들은 그 후로도 방과 후에 남아 죽음에 대해 대화를 나누고 싶어 했다. 성찬이가 가진 에너지가 반짝반짝 빛났다. 그 에너지를 어떤 그릇에든 담아 주고 싶었다. 그래서 성찬이에게 「빈칸 엔딩」 기법을 활용해서 생각을 끌어내도록 제안해 보았다.

"성찬아, 성찬이가 생각하는 죽음을 정의해 보면 어떨까?"

"죽음을 정의하라고요??"

"그렇지. '죽음은 _____ 다.'라고 정의해 보는 거야. 성찬이는 죽음이 끝이라고 했으니 '죽음은 낭떠러지다.'라고 할 수 있겠고 '죽음은 끝없는 암흑이다.'라고 비유할 수도 있을 것 같은데 어떻게 생각하니?"

"제 생각에 죽음은 끝이지만 낭떠러지라고는 생각 안 해요. 낭떠러지에서는 대부분 떨어져서 죽잖아요. 제가 생각하는 죽음은 떨어져 끝없이 밑으로 떨어지는 그런 이미지는 아니고요. 암흑이라고도 생각이 안 되는데요. 저만의 비유를 생각해 볼게요."

성찬이는 며칠이 꼬박 지나서야 비유를 생각해 냈다.

"선생님, 제가 생각하는 죽음은 책의 마지막 페이지예요."

"왜 그렇게 생각했니?"

"책은 마지막 장을 덮으면 정말 끝이잖아요. 더 이상 이야기를 쓸 페이지도 없고요. 그래서 죽음이랑 비슷하다고 생각했어요. 하지만 사람이 죽었다고 해서 다른 사람의 기억 속에서도 사라지는 건 아니잖아요? 책이 끝나도 읽는 사람의 기억 속에는 계속 남아 있을 수 있어요. 그것도 제가 생각하는 죽음이랑 비슷한 것 같고요."

"그랬구나. 정말 멋진 생각이다. 그럼 혹시 그 생각을 선생님과 같이 이야기로 표현해 볼래?"

④ 나만의 정의를 바탕으로 이야기 만들어 보기

성찬이와 이야기를 나누며 아이가 가지고 있는 깊은 생각에 깜짝 놀랐다. 그 이야기는 대화와 의논을 거쳐 여덟 쪽의 그림책으로 태어났다. 성찬이의 그림책은 주인공 태형이가 커다란 비밀의 도서관에 가면서 시작한다. 성찬이는 '죽음은 책의 마지막 페이지다.'라는 생각에서 '그럼 삶을 적은 책을 모아 둔 도서관이 있을 것이다.'라는 아이디어를 떠올렸다.

1

태형이는 오랫동안 찾아헤매던 비밀의 도서관에 도착했어요.
바로 '사랑의 책' 대관이었요.

2

태형이는 간절하고 간절하게 찾던 엄마의 책을 드디어 찾았어요.

3

엄마의 머지막장을 펼치자 '갑게 차가..!'라는 말에서 끝나 있었어요.

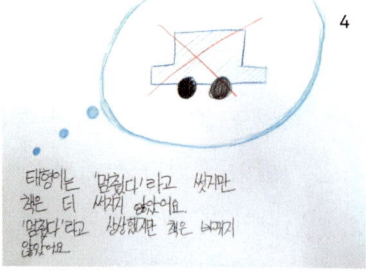

4

태형이는 '멈췄다'라고 썼지만 책은 더 써지지 않았어요.
'멈췄다'라고 생각해도 책은 넘어가지 않았어요.

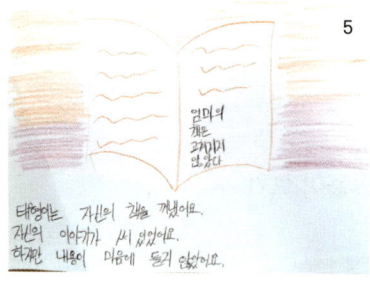

5

태형이는 자신의 책을 꺼냈어요.
책의 이야기가 써 있었어요.
하지만 내용이 마음에 들지 않았어요.

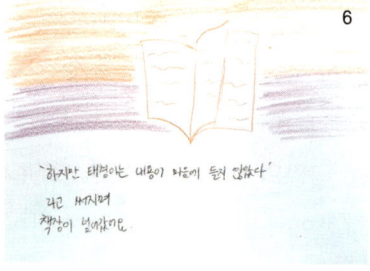

6

'하지만 태형이는 내용이 마음에 들지 않았다.'
라고 써지며
책이 넘어갔다.

7

태형이는 머지막 장만 없던 엄마 책을 다시 처음부터 덮어 넣었어요.
태형이랑 함께한 꾸며 써졌어요.

성찬이가 만든 이야기.

8

태형이는 비밀의 도서관에서 나왔어요.
더이상 마지막에 끌려가지 많고 현재 내가 쓰는 자신 책을 더 잘쓰게 마음먹고,
그리고 엄마 계속쓰면은 좋은 이상을 쓴대!!

성찬이는 도서관에 도착한 주인공 태형이가 보고 싶은 책이 무엇일까 고민했다. 그러다 아마 자신과 가까운 누군가의 죽음이 담긴 책을 보고 싶을 것이라는 생각에 이르렀다. 태형이는 그 책을 바꾸고 싶어 하지만, 한 번 완성된 책은 바뀌지 않을 것이라고 했다. 그리고 자신이 바꿀 수 있는 것은 자기 책뿐이라는 것을 알게 된다. 그 후 태형이는 더 이상 책의 마지막을 바꾸는 데 집착하지 않기로 마음먹는다.

성찬이가 만든 이야기는 어른인 나의 마음까지 흔들 만한 울림이 있었다. 이야기 곳곳 죽음에 대해 깊이 고민한 흔적이 녹아 있었다. 성찬이가 스스로 이야기까지 만들 수 있었던 원동력 뒤에는 자발적 궁금증이 있었다.

누가 정해 준 게 아니라 스스로 던진 질문은 에너지를 가진다. 의문이 생긴다는 것은 내 마음속 소리에 귀를 기울인다는 의미이고, 당연히 생각해 왔던 것을 다르게 보는 행동이다. 학습과 배움이 바깥이 아닌 안에서 시작되는 것이다. '말을 물가로 데리고 갈 수는 있지만 물을 먹게 할 수는 없다.'라는 말이 있다. 물가에는 데려다 놨으나 물을 먹을 기색도 보이지 않던 아이들이었다. 스스로 던진 질문이 있고 나서야 비로소 갈증을 느끼고 물을 먹기 시작했다.

아이들은 스스로 생각한 물음을 통해 자신의 세계를 대화로 풀어 보았다. 한 걸음 더 나아가 글과 그림으로 풀어내기도 했다. 그 과정에서 나와 정반대의 의견을 갖고 있던 사람과 삶의 태도가 통하는 경험을 하기도 하고, 굳은 고집을 깨뜨리는 경험도 할 수 있었다.

● **함께 읽고 활동해 볼까?**

누군가의 죽음 뒤에는 항상 남겨지는 사람들이 있다. 그림책 『여행 가는 날』에서도 할아버지가 남겨진 사람들을 언급하는 장면이 나온다. 아이들은 대부분 '죽는 자'가 아니라 '남겨진 자'의 입장에 서게 된다. 이 '남겨진 자'의 입장에서 할 수 있는 가장 가치 있는 일은 무엇일까?

그림책 『기억의 풍선』 속에 나오는 사람들은 각자 색색의 풍선을 들고 다닌다. 그 풍선에는 소중한 기억이 들어 있다. 주인공 소년이 가장 좋아하는 풍선은 지난 생일 파티의 추억으로 가득 찬 풍선이다. 풍선을 들여다보면 조랑말을 다시 볼 수 있고, 초콜릿 케이크의 맛을 다시 느낄 수 있다. 나이가 많은 사람들은 더 많은 기억의 풍선을 가지게 된다. 소년의 엄마와 아빠는 소년보다 훨씬 많은 기억의 풍선을 갖고 있고, 할아버지는 엄마 아빠보다도 훨씬 더 많은 기억의 풍선을 갖고 있다.

그런데 어느 날부터 할아버지의 풍선이 심상치 않다. 할아버지는 풍선을 하나둘씩 놓쳐 버린다. 소년은 그것이 너무나 안타깝다. 하지만 그림책은 말한다. 우리가 풍선을 하나씩 잃어버린다 해도 우리의 빛나는 순간들은 누군가의 기억 속에서 되살아날 수 있다고

『기억의 풍선』
(제시 올리베로스 글, 다나 울프카테 그림, 나린글 편집부 옮김, 나린글, 2019)

알츠하이머에 관해 생각해 볼 수 있는 그림책. 기억을 잃어 가는 사람과 이별을 받아들이고 준비해야 하는 사람을 위로해 준다.

말이다. 그 기억들은 때로 몇 세대를 걸쳐 생명력을 이어 갈 수도 있을 것이다.

그림책을 읽고 나서, 할머니 혹은 할아버지, 아니면 엄마나 아빠에게 궁금했던 것을 물어보며 그 기억을 공유하는 경험을 해 보았다. 한 사람당 한두 가지의 질문만 만들었지만 모아 보니 질문의 양이 꽤 되었다. 아이들이 만든 질문에는 이런 것들이 있었다.

- (할아버지/할머니/부모님 등)이 내 나이 때 좋아하던 가수는 누구일까요?
- (할아버지/할머니/부모님 등)이 가장 힘들었던 때는 언제인가요?
- (할아버지/할머니/부모님 등)은 내가 태어났을 때 어떤 기분이었나요?
- (할아버지/할머니/부모님 등)에게 가장 소중한 친구는 어떤 친구였나요?
- (할아버지/할머니/부모님 등)이 다시 태어난다면 무엇으로 태어나고 싶나요?
- (할아버지/할머니/부모님 등)이 제일 기억에 남는 선생님은?
- (할아버지/할머니/부모님 등)은 어떻게 만나서 결혼했나요?

아이들은 만든 질문을 소중한 사람에게 직접 물어보며 기억을 공유해 보았다. 주말이 지나고 질문 숙제를 한 아이들의 글을 읽으며 마음이 뭉클해졌다.

〈할아버지 할머니 감사합니다〉
학교 끝나고 집에 가면 할머니가 있다. 엄마는 일을 하기 때문이다. 할머니는 내가 태어나서부터 나를 돌봐 주셨다. 내가 두 살 때까지는 할아버지도 같이 있었다고 하는데 할아버지는 돌아가셔서 내 기억에 없다. 이번에 학교에서 그림책을 읽고 죽음에 대해 이야기를 해 보면서 할아버지 생각이 났다. 할머니가 기억하고 있는 할아버지에 대해 여쭤 보았다.

- 할머니는 할아버지를 어떻게 만나서 결혼했어요?
: 할머니의 엄마가 하는 하숙집에 할아버지가 들어와서 살았는데, 그때 할아버지가 할머니한테 반해서 1년 만에 결혼하게 되었단다.
- 할머니는 언제 할아버지가 가장 많이 생각나요?
: 할아버지가 특히 좋아하던 음식을 먹을 때. 된장찌개에 고등어구이를 먹을 때.
- 할머니는 할아버지가 다시 태어난다면 무엇으로 태어났으면 좋겠어요?
: 돌로 태어나서 아픈 데 없이 단단하게 살다 가면 좋겠다.
나는 할아버지를 잘 기억하지 못하지만, 할머니의 기억 속 할아버지를 듣게 돼서 참 좋았다. 나도 할아버지를 오래 기억할 것이다.

질문을 통해 소통하고, 소중한 사람을 기억하며 사는 삶이야말로 삶의 생생한 색과 감각을 느끼며 사는 길이 아닐까? 아이들이 주말 동안 만들어 온 눈부신 빛의 풍선이 교실을 한가득 채운 것같이 느껴졌다.

4-2 [물질] 현명하게 돈을 대하는 법
『최고의 차』『세 개의 잔』

> 「주인공 체인지」 기법 응용
>
> ① 그림책으로 생각 열기
>   - 나는 어떤 물건이 갖고 싶은가?
> ② 원하는 물건을 소비 이유에 따라 분류하기
>   - 물건을 사게 되는 네 가지 이유는 무엇일까?
> ③ 소비의 이유를 타당한 순서대로 정리하기
>   - 어떤 소비가 합리적인 소비일까?
> ④ 구매 계획 / 협상안 짜 보기
>   - 갖고 싶은 물건을 구매하기 위해 어떤 현실적인 노력을 할 수 있을까?
> ● 함께 읽고 활동해 볼까?
>   - 『세 개의 잔』 읽고 돈을 쓰임에 따라 나눠 보기

① 그림책으로 생각 열기

어린이날을 앞두고 아이들에게 뭔가 특별한 선물을 하고 싶었다. 10만원 정도 남은 학급비로 열한 살, 스물 다섯명 아이들에게 줄 만한 선물을 고민했다. 다이소에 가서 조그만 소품들을 살펴보기도 하고 인터넷 쇼핑몰을 뒤적거리기도 했지만 마땅히 마음에 드는 것이 없었다. 선물은 역시 받을 사람에게 물어보는 것이 가장 정확하지 않을까? 깜짝 서프라이즈를 하고 싶었기 때문에 눈치채지 못할 정도로 두루뭉술하게 물어보았다.

"얘들아, 어린이날 선물로 뭐 받고 싶니?"

"아이패드요!"

"닌텐도요!"

"저는 현금요. 50만 원 정도 받고 싶어요."

"구글 기프트 카드요. 한 30만 원어치 받고 싶다."

아이들이 원하는 선물의 가격에 깜짝 놀랐다. 인당 4천 원으로 책정한 나의 예산이 한없이 작아 보였다. 아이들의 기대를 여간해서 만족시켜 줄 수 없겠다는 속상한 마음이 들었다. 아이들은 받고 싶어 하는 선물의 평균 가격인 50만 원의 가치를 어떻게 생각할까?

"얘들아, 현금 50만 원을 벌려면 어느 정도의 시간과 노력이 필요할까?"

"우리 아빠는 하루에 50만 원 넘게 벌어요!"

"부모님 말고, 너희들이 직접 번다면?"

"추석이나 설날에 세뱃돈 모으면 100만 원 넘을 때도 있는데요? 하루면 가능해요."

아이들의 대답을 듣고 더 깜짝 놀랐다. 대다수의 아이들은 50만 원이 그다지 큰돈이 아니며, 그래서 특별한 날 선물로 요구할 수 있는 정도의 비용이라고 생각하고 있었다.

대답을 듣다 보니 아이들의 금전 감각, 소비에 대한 기준이 어떤지 알아봐야겠다는 생각이 들었다. 교과서는 돈을 어떻게 사용해야 하는지 제대로 다루지 않았다. 실과 과목에서 다루는 '돈'은 용돈이 전부였다. 그러다 보니 아이들은 고가의 선물을 별 생각 없이 원하거나, 많은 돈이 생기면 하루 이틀 만에 탕진하기도 했다. 그림책과 연결 지어 아이들과 돈에 대한 이야기를 나눠 보면 어떨까?

그림책 『최고의 차』에는 자신이 감당할 수 없을 만큼 비싼 차를 원하는 자끄 아저씨가 등장한다. 아저씨는 차가 없는 것이 아니다. 빠르지 않고 작지만 어디든 갈 수 있는 오래된 차가 있다. 하지만 새로 나온 멋진 차인 '비너스'를 본 아저씨는 밤만 되면 '비너스'를 운전할 수 있길 꿈꾼다. 자끄 아저씨 월급으로는 아흔세 살이 되어야 비너스를 살 수 있었다. 자끄 아저씨는 돈을 마련하기 위해 카지노에 갈까, 경마장에 갈까, 은행 강도가 될까 고민한다. 여기까지 읽고 아이들과 갖고 싶은 것이 있는지, 왜 갖고 싶은지 그 이유를 들어 보기로 했다.

『최고의 차』
(다비드 칼리 글, 세바스티앙 무랭 그림, 바람숲아이 옮김, 봄개울, 2019)

아이들과 바람직한 소비에 관해 이야기 나눌 때 함께 읽으면 좋다. 우리는 얼마나 가져야 행복할까? 내 물건이 남과 비교해 값나가지 않다면 행복하지 않은 걸까?

"최신 스마트폰요. 그게 있으면 온라인 수업도 편하고 게임도 하고 사진도 예쁘게 찍을 수 있어요."

"나이키 운동화요. 신으면 편하고 생긴 것도 멋져요."

② 원하는 물건을 소비 이유에 따라 분류하기

먼저, 갖고 싶은 물건을 열 가지 쓰게 하고, '왜' 사고 싶은지 이유를 기준으로 분류해 보았다. <다큐프라임 – 자본주의>(EBS, 2012)에서 곽금주 서울대 교수는, 물건을 사고 싶은 이유를 네 가지로 분류하여 제시했는데 우리도 이 기준을 따라 진행했다.

1. 없어서
2. 쓰던 게 망가져서
3. 가지고 있지만 더 좋아 보여서
4. 그냥

이 분류에 따라 자신이 갖고 싶은 것을 나눈 정현이의 목록은 다음과 같았다.

1. 없어서 - 닌텐도, 야구배트, 보드게임, 너프건, 500피스 퍼즐
2. 망가져서 - 자전거, 양면 탁구채
3. 더 좋아 보여서 - 스마트폰, 레고
4. 그냥 - 공룡 피규어

네 가지 분류를 수월하게 하는 아이도 있었지만 헷갈린다는 아이도 있었다. 다운이는 갖고 싶은 새 바지가 있는데 기존에 있었던 옷이 아니어서 '없어서'에 넣어야 하는지, 이것 말고도 바지는 이미 여러 벌 있기 때문에 '더 좋아 보여서'에 넣어야 할지 헷갈린다고 했다. 이런 경우 짝의 의견도 들어 보고 스스로 결정하게 했다.

③ 소비의 이유를 타당한 순서대로 정리하기

그림책으로 돌아가 주인공 체인지 기법을 사용해 내가 『최고의 차』 속 자끄 아저씨가 되었다 생각해 보고, 새 차인 '비너스'를 왜 갖고 싶은지 그 이유를 네 가지 분류 중에서 골라 보았다. 아이들은 이 중 3번, '더 좋아 보여서'를 꼽았다.

"'더 좋아 보여서'는 몇 번째로 타당한 이유가 될까?"

아이들은 우선 자기 나름대로 순위를 정하고, 짝토의를 통해 의견을 가다듬었다.

아이들이 1위로 뽑은 타당한 소비의 이유는 '없어서'였다. 그 물건이 없으면 놀이나 활동을 아예 할 수 없기 때문이라고 했다.

2위로 뽑은 타당한 이유는 '망가져서'였다. 이 이유가 두 번째가 된 이유는 꼭 새것을 사지 않고도 갖고 있는 걸 고쳐서 쓰거나, 완전히 망가지지 않았다면 참고 더 쓸 수도 있다고 생각했기 때문이다.

3위는 '더 좋아 보여서'였다. 이미 비슷한 물건을 갖고 있는데 더 좋아 보여서 사게 되면 원래 갖고 있던 것은 쓰레기가 되어 버리고 비슷한 물건이 자꾸 늘어나 좋지 않다고 했다. 4위로 뽑은 소비의 이유는 '그냥'이었다. 갖고 싶은 이유가 없는데 구매한다는 것은 타당한 소비가 될 수 없다고 했다.

④ 구매 계획 / 협상안 짜 보기

아이들과 소비의 이유에 중요도를 매겨 본 후 그림책 『최고의 차』 뒷부분을 계속 읽어 내려갔다.

자끄 아저씨는 월급 받는 일 외에, 돈을 더 벌기 위해 부업을 한다. 바로 작은 자동차 모형을 만드는 일이다. 한 개를 만들 때마다 1땡그랑을 받을 수 있다. '비너스' 차는 99,999땡그랑이다. 자끄 아저씨는 드디어 돈을 모아 자동차를 사는 데 성공한다. 그러나 그토록 꿈에 그리던 비너스를 타고 도로를 달린 지 얼마 지나지 않아 '아프로디테'라는 최신형 자동차 광고판이 눈앞에 보인다.

그림책 내용을 바탕으로 「주인공 체인지」 기법을 사용해 갖고 싶은 물건을 사기 위한 노력에는 어떤 것이 있을지 알아보았다. 꼭 구매하고 싶은 물건을 골라 아이들과 현실적으로 할 수 있는 돈 모으기 방법을 이야기해 보았다.

용돈이나 세뱃돈 모으기, 유튜버 되기, 게임 아이템 팔기, 설문조사 참여하기, 걷기 운동으로 기프티콘 사기, 안 쓰는 물건 온라인 마켓에서 팔기 등 생각보다 다양한 방법이 나왔다. 그중 각자가 할 수 있는 방법을 골라 구매 계획을 짜 보았다. 현철이가 짠 닌텐도 구매 계획은 다음과 같다.

사고 싶은 물건	닌텐도
가격	223,660원
내가 쓸 방법	용돈 모으기
한 번에 모으는 금액	한 달에 20,000원
걸리는 시간 / 해야 하는 횟수	약 11개월
그만큼의 시간과 노력을 들일 가치가 있는가?	네
이유는?	갖고 싶은 것을 위해 1년 정도는 참을 수 있을 만큼 간절해서

현철이는 닌텐도를 구입하기 위해 장기적으로 노력하겠다고 했지만, 구매 계획을 짜면서 구입을 포기하는 아이들도 적지 않았다. 용돈을 받지 않거나 돈을 모을 수 있는 방법이 없다고 하는 아이들은 부모님께 구매를 제안하는 협상안을 써 보게 했다. 대부분의 경우 큰 지출을 할 때 가족의 동의가 필수적이기 때문이다.

그림책에는 자끄 아저씨에 관한 정보가 많이 없지만 만약 자끄 아저씨가 2인 이상 가구에 속해 있다면, 아저씨는 가족들을 어떻게 설득할 수 있을까? 협상안 쓰기를 통해 「주인공 체인지」 기법을 나의 '가족'이라는 집단으로 확장하여 생각해 보았다.

목록	내용
사고 싶은 물건	어** 인형
갖고 싶은 이유 (현재의 문제 상황)	문제1. 잘 때 가지고 자던 토끼 인형이 너무 오래됨. 자꾸 솜이 터져서 침대가 엉망이 됨. 문제2. 인형이 없으니까 잘 때 자꾸 불안함.
물건을 사 주셨을 때 내가 할 것	1. 투정 부리지 않고 10시 반~11시에 꼭 자겠음. 2. 한 달에 한 번씩 인형을 내 손으로 빨아서 깨끗하게 하겠음. 3. 아침에 알람을 듣고 스스로 일어나는 연습을 한 달 동안 하겠음.
물건 후보와 가격	1. 대형 어** 인형(60cm): 34,800원 2. 베이비 어** 인형(50cm): 54,300원 3. 복숭아 애착 쿠션(60com): 37,000원 가장 갖고 싶은 1번 물건이 가장 싼 가격!

아이들은 구체적인 구매 계획, 협상안을 쓰면서 막연하게 느꼈던 물건의 가격에 숨겨진 가치를 알게 된 것 같았다. 구매 계획을 쓰다가 RC카를 사고 싶은 마음을 포기한 진우가 말했다.

"돈을 마련하는 데 이렇게 많은 노력과 시간이 늘어갈지 몰랐어요. 가지고 있는 물건을 더 소중히 여겨야겠다고 생각했어요."

트레이닝복을 사고 싶어 협상안을 쓰던 유진이 역시 협상을 포기했다. '예뻐서' '친구들이 다 입고 다녀서' 구매하려고 했는데 타당한 이유가 아니라는 생각이 들었다고 했다. 왜 그게 타당한 이유가 되기 어렵겠냐고 물었더니, 유진이는 『최고의 차』 이야기를 했다.

"자끄 아저씨가 비너스를 사고 난 뒤 바로 아프로디테에 마음을 뺏긴 것처럼, 저도 조금 있다 새로운 게 나오면 바로 후회할 것 같거든요. 그래서 진짜 필요해질 때까지 더 기다려 보려고요."

● **함께 읽고 활동해 볼까?**

아이들과 그림책 『최고의 차』를 보면서 주로 소비에 대한 이야기만 나누었다. 하지만 돈을 소비하는 대상으로만 보지 않고 조금 더 넓은 개념으로 바라보면 어떨까? 그림책 『세 개의 잔』은 돈을 그저 소비하는 이야기에서 나아가 돈을 나누고, 모으고, 쓰는 세 개의 개념을 보여 준다.

여덟 번째 생일날, 주인공 남자아이는 용돈과 함께 세 개의 잔을 선물받는다. 이 잔에는 각각 '모으기' '쓰기' '나누기'라는 이름이 붙어 있다. 그 후로 아이는 매주 용돈을 받고, 자신이 생각하기에 적합한 금액을 세 개의 잔에 나누어 담는다.

가장 먼저 채워진 '모으기' 잔의 돈은 은행에 가져가 예금을 한다. 그다음 '쓰기' 잔에 모인 돈으로 야구 글러브와 동생에게 줄 인형을 산다. 마지막으로 채워진 '나누기' 잔의 돈으로 도움이 필요한 사람들에게 줄 수프를 산다.

학부모님의 협조를 받아 아이들과 4주 동안 1주일에 한 번씩 용돈을 받고, 받은 용돈을 통 세 개에 나누어 담는 활동을 해 보았다. 한 달이 지난 후, 세 개의 통에 담긴 돈을 어떻게 사용했는지 간단한 일기를 써 보았다.

『세 개의 잔』
(토니 타운슬리·마크 세인트 저메인 글, 에이프릴 윌리 그림, 김경희 옮김, 살림어린이, 2012)

어린이의 눈높이에서, 실질적으로 돈을 어떻게 관리하면 좋을지 구체적인 지침을 얻을 수 있다. '나눔'이라는 개념 또한 중요하게 다뤄 공동체 의식에 관해서도 생각해 보도록 한다.

> 『세 개의 잔』 활동을 하고 - 이미연
>
> 부모님께 일주일에 5,000원씩 한 달 동안 20,000원의 용돈을 받기로 했다. 20,000원을 받으면 전부 다 쓸 생각만 했는데 세 개로 나누어 담아야 해서 고민이 되었다.
> '쓰기' 통에 있는 돈은 편의점에서 젤리를 사 먹고 다이어리 꾸미기 용품을 사는 데 쓰기로 했다. 모아야 하는 돈은 10,000원이었다.
> '모으기' 통에는 일주일에 2,000원씩 넣기로 다짐했다.
> '나누기'로는 얼마를 모아야 할지 고민했다. 그리고 어디에 써야 할지도 고민했다. 엄마가 네이버 해피빈에 있는 기부 사연 중 하나를 골라 보자고 했다. 노인 복지관 할아버지 할머니께 선풍기와 보양식을 사드리고 싶다는 사연이 좋았다. 그 사연에 2,000원을 기부하기로 했다.
> 첫째 주: 2,000원을 '모으기'에 3,000원을 '쓰기'에 넣었다. 빨리 다이어리 꾸미기 용품을 사고 싶었지만 조금 더 기다려야 해서 아쉬웠다.
> 둘째 주: 2,000원을 '모으기'에 3,000원을 '쓰기'에 넣었다. 빨리 쓰고 싶은데 매주 2,000원을 저금하기로 한게 너무 많았나 약간 후회가 되었다.
> 셋째 주: 2,000원을 '모으기'에 3,000원은 '쓰기'에 넣었다. 아직도 돈을 쓰려면 1,000원이 부족해서 마지막 주까지 기다려야 했다.
> 넷째 주: 2,000원을 '모으기'에 1,000원을 '쓰기'에 2,000원을 '나누기'에 넣었다. 기부를 하니 뿌듯했고 모은 돈이 많아서 좋았다. 모은 돈은 할머니가 은행에 넣어 주셨다. 사고 싶은 것도 사니 기분이 정말 좋았다. 기다린 보람이 있었다.

아이들 글을 온라인 수업 때 돌려 읽고 느낀 점을 말해 보았다.

"저도 '나누기'가 고민이었는데 적은 금액도 나눌 수 있는지 몰랐어요. 정보를 얻어서 좋았어요."

"저도 '모으기'가 힘들었는데 다른 친구들도 '모으기'가 힘들었다고 하니 뭔가 위안이 되었어요."

초등학교 아이들은 돈을 직접 벌어 본 경험이 극히 드물고, 사용하기만 하는 경우가 많다. 그리고 합리적인 소비를 생각하기보다 감정에 따라 소비를 하는 경우가 많다. 수업과 토의, 활동 후 글 나누기를 통해 합리적인 소비가 중요하다는 사실을 되새겨 보며 돈을 소비의 대상으로만 보는 관점에서 벗어나 모으고, 나누는 수단으로 시야를 넓힐 수 있었다.

4-3 [환경] 환경 문제

『낙타 소년』『지구를 지키는 제로 웨이스트』『할머니가 물려주신 요리책』

> 「주인공 체인지」 기법 응용
>
> ① 그림책으로 생각 열기
> - 내 몸이 환경에 맞게 변한다면 어떤 모습일까?
> ② 친환경 제품 기획해 보기
> - 우리가 제로 웨이스트 상점의 사장님이 된다면?
> ● 함께 읽고 활동해 볼까?
> - 『할머니가 물려주신 요리책』과 4컷 레시피

① 그림책으로 생각 열기

미세먼지에 황사까지 겹친 날이었다. 교실에 있는 공기청정기에는 하루 종일 빨간불이 들어왔다. 아이들은 '목이 아파요.' '눈이 아파요.'라며 불편함을 호소했다. 환절기마다 편도선염으로 자주 결석하는 민준이는 그날따라 더욱 힘들어 보였다.

"선생님, 황사랑 미세먼지는 도대체 왜 생긴 거예요? 평생 이렇게 살아야 돼요?"

날이 갈수록 더 심해지기만 하는 황사와 미세먼지, 이렇게 망가진 대기 환경에서 살아갈 우리의 미래는 과연 어떤 모습일까? 아이들과 함께 그림책 『낙타 소년』의 첫 장을 펼쳐 보았다.

먼지가 가득 낀 희뿌연 색감의 그림 속에 한 소년이 있다. 소년이 살고 있는 세상은 땅이 모래로 덮여 무엇을 심을 수도 키울 수도 없는 곳이다. 모래바람이 처음 불어오기 시작했을 때는 조금 불편하기는 해도 일상생활을 할 수 있었다. 그러나 금방 지나갈 것이라고 생각했던 모래바람은 점점 더 심해졌다. 세상은 그렇게 사막이 되어 버리고, 남겨진 인간들은 살아남기 위해 낙타의 모습으로 진화했다. 눈썹이 길어지고, 등이 솟아나고, 몸에 털이 나고, 피부는 두꺼워졌으며 발바닥은 굽처럼 단단하게 굳어 갔다. 낙타처럼 변한 사람들은 푸른 숲을 찾아 기나긴 행렬을 이루며 사막을 걸어 희망의 땅을 찾아간다.

『낙타 소년』
(박혜선 글, 함주해 그림, 발견, 2021)

푸른 생명력을 잃어버린 세계, 그곳에서 살아가는 아이의 모습이 서정적으로 표현되었지만 메시지만큼은 진한 경각심을 준다. 미래에 살아갈 사람들이 '낙타 소년'이 되지 않기 위해 '오늘, 지금, 여기'를 살아가는 우리는 무엇을 할 수 있을까?

「주인공 체인지」 기법으로 우리가 그림책처럼 모래바람으로 뒤덮인 곳에서 살아가면 어떻게 될지 질문을 던져 보았다. 살아남기 위해 할 수 있는 일이 나의 몸을 환경에 맞게 변화시키는 것밖에 남지 않았다면, 우리는 어떤 모습이 되어 갈까? 우선, 우리가 느끼는 환경 오염은 무엇이 있는지 이야기해 보았다.

"플라스틱을 많이 사용해요. 배달해서 먹고 나면 플라스틱 쓰레기가 엄청 많이 나와요."

"자동차에서 매연이 많이 나와요. 사람들이 가까운 거리도 차를 타요."

플라스틱은 썩지 않아 땅을 오염시킨다. 플라스틱으로 가득 찬

땅에서는 식물이 자랄 수 없고, 식물을 먹이로 삼는 동물도 죽어 갈 수 밖에 없다. 아이들은 먹을 것이 없어지고 플라스틱밖에 남지 않으면 플라스틱을 먹을 수밖에 없다고 미래를 예측했다. 플라스틱을 먹어야 하는 환경이라면 몸은 어떻게 변할까?

"딱딱한 플라스틱을 씹기 위해 이는 돌처럼 단단해지고 커질 것 같아요."

"녹지 않는 플라스틱을 녹이기 위해서 위장이 불덩어리처럼 뜨거워질 것 같아요."

아이들은 온라인에서 다양한 이미지를 찾아, 상상한 모습을 표현했다. 경찬이 모둠은 플라스틱이 주식이 된 사람들의 모습을 다음과 같은 모습으로 표현했다.

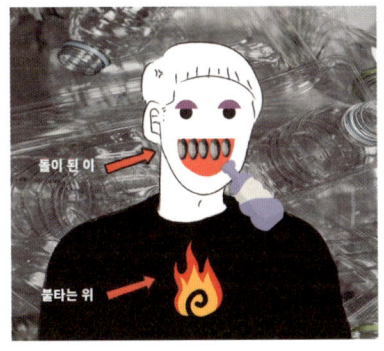

플라스틱을 먹으며 살아가는 사람.

자동차에서 매연이 많이 나와 공기가 더러워진다면 우리 몸은 어떻게 바뀌어 갈까?

"깨끗한 공기를 마시기 위해 코털이 엄청나게 길어질 것 같아요."

"적은 양의 공기만 들어오니 폐가 작아질 것 같아요."

주연이는 대기 오염으로 달라진 사람들의 모습을 다음과 같이 표현했다.

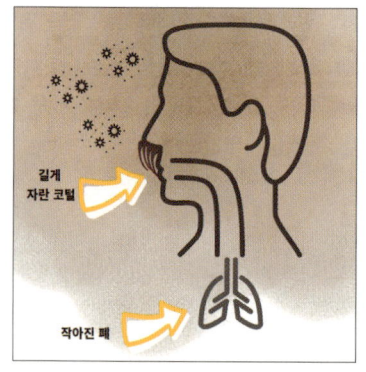

대기 오염 때문에 변한 사람들 모습.

아이들은 현재와 다른 사람들의 외형을 보며 환경 오염이 인간에게 미칠 수 있는 영향을 생각해 보았다.

② 친환경 제품 기획해 보기

환경 오염이 심해지면 어느 순간 되돌릴 수 없을지도 모른다. 그전에 우리가 할 수 있는 일은 무엇이 있을까? 환경운동의 캠페인 중 하나인 '제로 웨이스트'란 쓰레기를 제로(0)로 만들자는 의미이다. 제로 웨이스트를 실천하는 방법에는 여러 가지가 있는데, 가장 기본적인 방법(5R)은 다음과 같다.

1. 거절하기(Refuse) - 가게에서 주는 빨대나 광고성 일회용품 거절하기
2. 줄이기(Reduce) - 꼭 필요한 만큼만 사기, 포장은 천으로 하기

3. 재사용하기(Reuse) - 충전식 건전지 쓰기, 손수건 쓰기

4. 재활용하기(Recycle) - 분리배출하기

5. 썩히기(Rot) - 퇴비 만들어 사용하기

그림책 『지구를 지키는 제로 웨이스트』에는 아이들이 제로 웨이스트를 실천할 수 있는 서른두 가지 방법이 수록되어 있다. 집에서, 화장실에서, 주방에서, 자연에서 실천할 수 있는 다양한 활동이 나와 있고, 제로 웨이스트 물건 만들기, 요리 만들기 등 분야도 다양하다.

『지구를 지키는 제로 웨이스트』
(카린 발조 글, 로랑 오두앵 그림, 김하나 옮김, 빨간콩, 2021)

환경을 지키기 위해 지금 바로 실천할 수 있는 제안을 담았다. 거창한 일을 시작하는 것보다 작은 노력부터 하나씩 해 나가는 것이 중요하다는 점을 느끼게 한다.

책을 읽은 뒤 아이들과 온라인으로 친환경숍의 물건들을 살펴보았다. 생분해에 용이한 대나무 칫솔, 천연 수세미, 개방형 실리콘 빨대 등 다양한 물건들을 구경했다. 사장이 된다면 나는 어떤 물건을 만들어서 팔고 싶은지 제품을 기획해 보았다.

아이들이 기획하는 물건은 특히 업사이클링(Upcycling: 버려지는 제품을 단순히 재활용하는 차원을 넘어 디자인을 가미하는 등 새로운 부가가치를 창출해 새 제품으로 재탄생시키는 것)을 활용했다. 유튜브 등 동영상 플랫폼에는 '병뚜껑을 활용한 20가지 아이디어', '플라스틱병을 활용한 38가지 창조적인 아이디어' 등 보고 따라 할 수 있는 아

이디어가 아주 많다. 그중 할 수 있는 것들을 고르거나 직접 아이디어를 내서 업사이클링 제품을 만들어 보았다.

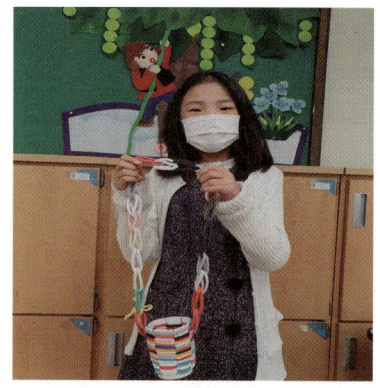
버려진 양말목으로 만든 바구니.

병뚜껑을 이용한 미니 디퓨저.

이 과정에서 주인공 체인지 기법을 '나'에서 '집단'으로 확장하여 프로젝트를 진행했다. '내가 제로 웨이스트를 실천한다면?'에서 나아가 '우리가 같이 환경을 위해 무언가를 만든다면?'으로 질문의 범위를 다르게 보았다. 혼자 활동한 것이 아니라 모둠 친구들과 함께 구할 수 있는 재료를 찾아 물건을 같이 만들어 본 것이다. 이 활동을 통해 아이들은 환경 문제를 함께 의논할 수 있었고 '우리 모두'가 노력할 문제로 받아들일 수 있었다.

업사이클링으로 탄생한 물건은 벼룩시장을 열어 판매해 보기도 했다. 직접 물건을 만들고, 판매하고, 사용하는 경험을 통해 아이들은 지구를 위한 실천적인 활동을 고민할 수 있었다. 환경 보호를 위한 일이 생각보다 어렵지 않고 재미있다는 아이들도 많이 생겼다.

● **함께 읽고 활동해 볼까?**

그림책 『할머니가 물려주신 요리책』은 봄, 여름, 가을, 겨울 제철 재료로 만드는 우리 요리를 담은 그림책이다. 한식 재료의 대부분은 채식을 바탕으로 하고 있다. 책에는 진달래꽃으로 만든 화전, 한국의 과일 젤리라고 할 수 있는 과실편, 느티나무의 잎사귀가 들어가는 느티떡 등 자연의 재료들을 활용한 요리들이 다양하게 나온다. 이런 음식이 환경 보호와는 어떤 관련이 있을까?

대기 오염에 큰 영향을 끼치는 요인 중 하나가 바로 공장식 축산업이다. 유엔 식량 농업 기구 보고서에 따르면 전 세계의 교통수단이 내뿜는 매연이 온실가스에 미치는 영향이 13.5퍼센트인 반면, 축산업이 온실가스에 미치는 영향은 18퍼센트로 나타났다. 육류와 유제품은 그것을 만드는 과정에서 많은 양의 온실가스를 배출한다. 상대적으로 곡식과 채소는 배출하는 온실가스의 양이 적다. 콩이 발생시키는 온실가스는 소고기의 60분의 1도 안 된다.

그림책에 소개된 채식 바탕의 레시피를 「주인공 체인지」 기법에 기반해 각자 정리해 보기로 했다. 4컷으로 간단하게 나타내는 방식을 썼고[1] 시간이 되면 집에서 간단히 요리해 보는 시간도 마련할 수 있도록 안내했다.

『할머니가 물려주신 요리책』
(김숙년 이야기, 김익선 글, 김효순 그림, 장영, 2013)

대가족 집안에서 자란 요리연구가의 생태친화적 전통 요리법을 아기자기한 그림으로 보여 준다. 자연이 선물하는 제철 재료를 귀한 먹거리로 여기는 모습에서 환경과 생태의 소중함을 되새기게 된다.

『할머니가 물려주신 요리책』에는 레시피뿐만 아니라 다양한 전통 요리 도구, 양념, 명절 음식, 계절 밑반찬이 소개된다. 요리에 필수적인 새로운 정보를 같이 습득하기 위해 「객관식 문제왕」 기법으로 사실 질문을 만들어 보았다. 이때 중요하다고 생각되는 것이 아닌 가장 새로웠던 사실 혹은 가장 흥미로웠던 사실을 적어 보고 만들었다.

아이들이 만든 4컷 레시피.

---

1 4컷 만화 레시피 형식은 『오늘 조금 더 비건』(초식마녀 지음, 채륜서, 2020)을 참고했다.

'소쿠리: 곡식이나 채소의 물기를 빼거나 말리는 데 써요.'라는 문장을 보고 민제는 다음과 같은 문제를 만들었다.

소쿠리에 넣어서 물기를 빼면 안 되는 음식은?
① 쌀
② 배추
③ 소고기
④ 시금치

아이들은 4컷 레시피를 그리며 다양한 식재료를 이용해 어떤 요리를 만들 수 있는지 생각해 볼 수 있었다. 레토르트 식품과 밀키트를 빠르게 소비하는 시대, 우리 먹거리에 관해 새로 알게 된 지식을 객관식 질문 기법으로 되짚으며 손수 요리하는 과정의 가치를 느끼는 시간이기도 했다. 건강한 재료를 골라 요리해서 먹는 것만으로도 환경보호에 한 걸음 다가갈 수 있다는 사실이 아이들에게는 신선한 경험이 되었다.

부록 | 그림책 질문수업의 시행착오와 해결법

① 아이들이 질문 대신 '퀴즈'를 만들 때

책 읽고 질문을 만들 때 아이들이 가장 익숙해하는 형식은 무엇일까? 독서 퀴즈였다. 독서 퀴즈 문제는 틀리고 맞는 것을 명확히 하기 위해 객관식이나 간단한 단답식의 문제가 대부분을 이룬다. 그러다 보니 책의 내용을 확인하기 위한 질문이 주가 될 수밖에 없고 책이 다루고 있는 가치 관련 질문이나 책 내용을 내 삶에 적용하여 묻는 질문은 제외되었다.

책의 핵심을 짚어 내는 질문을 만들기 위해서는 퀴즈 만들기가 아닌 다른 방식을 사용해야 한다고 생각했다. 그때, 하브루타 방식의 질문 만들기를 접했다. 처음에는 독서 퀴즈 만들기와 무엇이 다른지 구분하기 어려웠지만, 하브루타식 질문 만들기의 핵심은 '열려 있다'는 점이었다. 둘의 차이점을 예를 들어 보자. 『흥부 놀부』를 읽고 독서 퀴즈를 만들었을 때 아이들은 이런 질문을 적었다.

Q. 제비는 흥부에게 무엇을 가져다주었나?

① 박씨
② 수박씨
③ 호박씨
④ 민들레씨
⑤ 봉숭아씨

반면 하브루타식 질문은 어떨까? 답이 열려 있는 질문, 사람에 따라 다른 대답이 나올 수 있는 질문을 만들어 보자고 하자 똑같은 책을 읽고도 이런 질문이 나왔다.

Q. 내가 흥부처럼 부자가 된다면 놀부를 도와줄 것인가?
Q. 흥부가 보물 박을 탄 것처럼 내가 로또에 당첨된다면 가장 먼저 할 일은 무엇일까?
Q. 욕심이 많은 사람은 나쁜 사람일까?

하지만 무조건 열린 질문을 만들어 보자고 해서 이런 물음이 나올 수 있는 것은 아니었다. 첫 번째 질문과 두 번째 질문의 경우 「주인공 체인지」 기법으로 등장인물과 나를 바꿔 생각해 보는 방식을 배운 다음에 나올 수 있었던 이야기이다. 세 번째 질문은 「단어 팝콘 오디션」 기법으로 '욕심'이라는 키워드를 뽑은 후 나올 수 있었다. 즉, 질문을 만드는 방법을 섬세하게 안내해야 깊이 생각해 볼 만한 내용도 나올 수 있는 것이다.

이 책에 소개한 아홉 가지 기법을 활용해 하브루타에 바탕을 둔 질문 만들기를 시작하면 생각을 확장하는 물음들이 쏟아져 나온다.

그 질문들의 답을 찾아가는 과정에서 훨씬 더 깊은 대화를 나눌 수도 있다.

② 엉뚱한 질문이 나올 때

아이들이 만든 질문 중에는 엉뚱한 물음도 있었다. 예를 들어 '흥부는 왜 저렇게 생겼나요?'라는 외모 평가 질문, '돈도 없는데 왜 자식을 그렇게 많이 낳았나요?'라는 비난형 질문 등이 나온 것을 보고 처음에는 당황스러웠다. 적절하지 않은 질문이라고 생각해 수업 시간에 반 아이들과 전체적으로 다루지 않으려고 했다. 하지만 무시하려 할수록 아이들은 그 질문에 흥미를 보였다.

해당 질문을 만든 아이가 주인공의 외모를 평가하려 한다고, 혹은 무조건 주인공을 비난하려 한다고 넘겨짚지 말고 직접 그 질문을 만든 이유를 물어보기로 했다.

"왜 이게 궁금했니?"

'그냥요.', '재밌잖아요.'와 같은 단순한 대답이 나오는 경우, 그 질문은 지속 가능한 이야깃거리가 되기 부족하다는 뜻이다. 실제로 '흥부는 왜 저렇게 생겼나요?'라는 물음이 어떤 이유로 나오게 됐는지 묻자 질문을 만든 아이는 '그냥요'라고 대답했는데, 짝과 몇 마디 나누더니 더 이상 할 말이 없다고 했다. 다른 아이들은 신나서 짝과 대화를 하는데 수업 시간 내내 할 말이 없어지자 다음 번에는 다른 질문을 만들어 보고 싶다고 말하기도 했다.

'돈도 없는데 왜 자식을 그렇게 많이 낳았나요?'라는 질문을 만든 아이에게 이유를 물어보니 인터넷에서, 가난한데 아이를 많이 낳는 것에 의견이 갈린 글을 읽었다고 했다. 이렇게 이유가 나름대로 뚜렷한 질문은 여러 사람의 의견을 듣고 자신의 생각으로 되돌아 보는 계기가 될 수 있다.

부적절해 보이는 질문이 나왔을 때 그 질문을 무조건 무시하거나 막지 말고 '왜' 궁금했는지 그 이유를 물어보자. 질문을 통해 자신의 생각을 존중받은 경험을 한 아이들은 그 뒤로 그냥, 재미있어서 질문을 만들기보다 '왜' 이것이 궁금한지 한 번 더 생각해 보는 태도를 갖는다.

③ 어떤 그림책을 읽을지 고민될 때

그림책 질문수업을 하기 위해서는 우선 그림책을 골라야 한다. 하루에도 신간이 수십 권 쏟아지는데 어떤 그림책을 골라 읽어 줘야 할까? 그냥 수업이 아닌 '질문' 수업을 위한 그림책을 고를 때는 우선 이야기의 주제를 살펴본다. 감정, 존재, 정의, 휴식, 우정 등 그림책이 다루고 있는 주제와 아이들이 가지고 있는 고민이 맞아떨어지는지 살펴본다. 단, 같은 주제 내에서도 하고자 하는 이야기는 천차만별이기 때문에 미리 줄거리를 확인한다.

'그림책 박물관(picturebook-museum.com)'이나 '가온빛(gaonbit.kr)' 같은 그림책 전문 사이트는 키워드로 그림책을 찾아보기 좋은 곳이다. 키워드로 검색한 뒤 내용을 훑어보며 그림책을 고른다. '좋아서 하는 그림책 연구회'에서 운영하는 온라인 카페(cafe.naver.com/zoapicturebook)는 다양한 신간 그림책 추천글과 수업 후기가 올라오는 곳이다. 이곳의 글도 참고한다.

그림책 출판사를 잘 살펴보면, 출판사별로 내고자 하는 그림책의 색깔이 뚜렷한 곳이 있다. 질문하기 좋은 철학적 주제 의식을 중요하게 생각하는 출판사 몇 곳의 신간은 주기적으로 확인한다.

④ 모두가 참여하는 책 읽기를 하고 싶다면?

그림책 읽어 주기는 문해력의 기초가 될 수 있는 아주 중요한 활동이다. 아이들은 그림을 통해, 모르는 단어의 뜻을 유추하며 어휘력을 늘리기도 하고 소리와 글자의 상관관계를 이해하기도 하며 글의 내용을 파악하는 요령을 익히기도 하기 때문이다.

스무 명이 넘는 반 아이들에게 책을 읽어 주는 경우 두 가지 방법을 사용했다. 그림이 크고 글이 적은 그림책을 함께 볼 때는 선생님이 의자에 앉고 아이들은 바닥에 옹기종기 앉아, 한 장씩 넘겨 가며 소리 내 읽어 주는 방법을 사용했다. 이렇게 그림책을 읽을 경우 아이들의 호흡 하나하나, 눈빛 하나하나를 가까이에서 느낄 수 있다는 장점이 있다.

반면에 글이 많고 그림이 작고 디테일할 경우, 스캔을 하여 PPT로 보여 주며 큰 화면으로 함께 읽는 방법을 사용했다. 특히 온라인 수업에서 그냥 책을 들고 읽어 주면 글과 그림이 잘 보이지 않기 때문에 스캔이 필수적이다.[1] 스캔을 하면 모든 아이들에게 글자가 잘 보이기 때문에 선생님의 낭독에만 의존하지 않고 함께 읽을 수 있다. 중간중간 아이를 지명하여 페이지를 읽게 하거나 지문은 선생님이, 대화글은 아이들이 읽거나, 한 페이지씩 선생님과 아이들이 번갈아 읽는 등 다양한 방법을 사용하여 수업에 '주체적으로' 참여한다는 소속감을 높일 수 있도록 했다.

---

1 스캔은 교육적 용도로만 사용하며, 교육적 용도의 스캔을 허가한 출판사의 것만 사용한다. 온라인 수업을 위한 그림책 저작권 공개 여부는 각 출판사에서 확인할 수 있다.

3~8명 내외의 소그룹에서 그림책을 읽을 때는, 아이들이 한 페이지씩 돌아가며 읽는 방법을 사용했다. 선생님이 둥그렇게 모여 앉은 아이들 쪽으로 책을 들고 있으면 한 명씩 글을 읽었다. 앉은 순서에 따라 읽기도 하고 한 명이 먼저 읽고 그다음은 지원자를 받기도 했으며, 한 명이 읽고 그다음 사람을 지목하기도 했다. 모두에게 빠짐없이 차례가 돌아가도록 배려한다는 데 초점을 맞춘 방식이다. 이렇게 그림책을 읽으면 읽는 단계에서부터 자신이 맡은 바가 있다는 책임 의식과 애정이 생기기 때문에 인상 깊은 장면을 뽑을 때 자신이 읽은 부분을 뽑는 아이들이 많았다.

⑤ '끊어 읽기'와 '처음부터 끝까지 읽기' 중 어떤 방식이 적합할까?

그림책 질문수업에서 고민되는 중요한 부분은 "한 권을 통째로 처음부터 끝까지 읽어 줄 것인가? 아니면 끊어 읽으며 이야기 사이사이 질문을 던질까?" 하는 점이다. 정답은 없다. 단 하브루타식으로 아이들이 질문을 만드는 수업을 할 때는 한 권을 통째로 읽어 주는 방법을, 교사가 만든 질문에 대답하는 수업을 할 때는 끊이시 읽는 방법을 주로 사용했다.

하브루타식으로 질문 만들기 수업을 할 경우, 책 전체를 읽고 이해한 후 키워드를 뽑는 작업이 질문 만들기의 가장 기초가 되기 때문에 중간에 끊어 읽지 않았다. 대신 아이들에게 인상 깊은 장면을 물어보며 책을 다 읽은 후 해당 장면으로 다시 돌아가 책을 자세히 살펴보는 시간을 가졌다.

교사의 질문에 대답하는 수업을 할 때는 교사의 '의도'가 있는 장면에서 잠시 멈춰 질문을 던졌다. 예를 들면 우리의 소비 생활을 돌아볼 수 있는 그림책 『최고의 차』를 읽을 때, 주인공이 돈 벌 방법을 찾지 못하는 장면에서 멈춰 아이들이 돈을 모을 수 있는 실질적인 방법이 있는지 물어봤다. 이때 너무 자주 끊으면 이야기의 흐름을 놓칠 수 있기 때문에 한두 장면 정도에 초점을 맞췄다.

그림책을 읽어 주는 방식을 결정하기 위해서는 교사가 먼저 그림책을 꼼꼼히 살펴보고 읽는 것이 좋다. 그리고 그림책을 읽어 주며 아이들의 시선과 반응을 자세히 관찰하고 피드백하는 과정 역시 잊지 말자.

⑥ 칭찬을 잘하고 싶다면?

그림책 질문수업에서 꼭 필요한 것이 바로 칭찬이다. 칭찬은 아이들의 자존감을 키우고 성장 동기를 자극해 더 나은 질문수업을 만들어 갈 수 있는 토대가 된다. 그렇다면 어떻게 칭찬해야 효과적일까? 총 세 방법으로 나눠 보았다. 순서대로 해도 좋고, 이 중 하나만 골라서 해 봐도 좋겠다.

1. 반 전체 칭찬 – 과정 짚기
2. 자기 칭찬과 짝 칭찬 - 칭찬 단어 목록 사용하기
3. 개인별 질문 칭찬 - 비결 물어보기

첫 번째, '반 전체 칭찬'은 수업 과정마다 인상 깊었던 점에 관해서 교사가 모든 아이를 대상으로 하는 칭찬이다.

"그림책 읽는 시간에 모두 눈을 반짝이고 집중하는 태도가 느껴졌단다."

"한 명도 빠지지 않고 질문을 만들나니 열심히 참여한 우리 반을 칭찬하고 싶구나."

"새롭고 멋진 생각들을 많이 발표해 줘서 덕분에 알찬 질문수업이 되었어."

이때는 결과보다 과정을 칭찬하고, 개인보다 전체를 칭찬하며 아이들의 전체적인 사기를 높인다.

두 번째, 자기 칭찬과 짝 칭찬이다. 수업이 끝난 후 수업 중 자신이 잘한 점이 무엇인지 다음 페이지의 표, 칭찬 단어 목록을 참고해 단어를 골라 보게 한다. 스스로 단어를 두세 개 뽑고, 같이 한 짝에게도 자신을 칭찬하는 단어 두세 개를 받는다.

수아는 그림책 질문수업이 끝나고 다음 칭찬 단어를 고른 후 말했다.

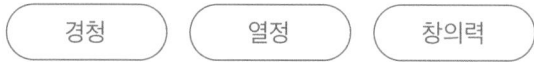

"제가 수업 시간에 어떤 것을 잘했는지 다시 생각해 볼 수 있었어요."

수아는 보기 단어들을 보니 스스로 아쉬운 부분도 있다고 했다. '비판적 사고력'이란 단어를 보니 '나만의 시선으로 질문을 만들어 볼걸!'이라는 생각이 들었던 것이다.

수아의 질문 짝인 명현이는 질문수업이 끝난 후 수아의 칭찬 단어를 다음과 같이 뽑았다.

명현이는 수아가 친구들의 이야기를 특히 잘 들어 줘서 수아가

■ 칭찬 단어 목록

단어		수업 중 행동
경청		선생님이나 친구들의 질문과 대답을 귀 기울여 열심히 들었음.
끈기		수업에 처음부터 끝까지 꾸준히 참여함.
발견		친구가 만든 질문의 멋진 부분이나 좋은 태도 등을 발견해 칭찬을 해 주었음.
비판적 사고력		책에 나온 생각을 그대로 받아들이이지 않고 나만의 시선으로 생각하며 질문을 만들거나 대화를 했음.
성실		질문을 열심히 만들었음. / 질문에 열심히 대답했음. / 활동에 열심히 참여했음.
소통		나만의 생각을 고집하지 않고 친구들, 선생님과 의견을 열심히 나눔.
열정		수업에 최선을 다해 열심히 참여함.
예절		바른 자세로 앉아 활동을 함. / 규칙을 잘 지킴.
자신감		용기를 갖고 발표를 자신감 있게 큰 소리로 함. / 자신 있게 질문을 만들거나 대답을 함.
존중		나와 다른 의견이나 생각도 비난하지 않고 잘 들어 주었음.
창의력		나만의 시선을 갖고 새롭고 재밌는 질문을 만들거나 대답했음.
협동		혼자 돋보이거나 잘하려고 하지 않고 친구들과 힘을 합쳐 함께 하려고 노력함.

내가 고른 칭찬 ⬭ ⬭ ⬭
짝이 고른 칭찬 ⬭ ⬭ ⬭

쓴 '경청'을 다시 뽑았다고 했다. '예절'과 '협동'은 수아가 뽑지는 않았지만 명현이가 수아에게 칭찬해 주고 싶은 가치였다.

세 번째, 개인별 질문 칭찬[2]은 두 번째에 소개한 자기 칭찬과 짝 칭찬을 바탕으로 이루어진다.

"수아야, 그림책 질문수업 시간에 경청을 잘하는 비결은 뭐니?"

수아는 이렇게 이야기했다.

"우선 말하는 친구의 눈을 꼭 쳐다보려고 노력하고요, 맞장구를 많이 쳐 줘요. '오, 정말?', '진짜?', '그래서?'라고 말이에요."

"와, 그런 비법이 있었구나. 그럼 우리 반 친구들도 다음 질문수업 시간부터는 수아처럼 친구의 눈을 꼭 쳐다보고 맞장구를 잘 쳐 주면 좋겠다. 수아는 언제부터 그렇게 경청을 잘했니?"

"언제부터인지는 잘 모르겠어요. 엄마가 제가 이야기하면 이렇게 잘 들어 주세요."

당사자에게 행동의 비결을 물어보면, 아이는 자기만의 노하우를 친구들에게 알려 주며 자신감과 뿌듯한 마음을 갖는다. 반 친구들도 해당 장점을 발휘하려면 어떻게 해야 하는지 자세히 알 수 있다.

⑦ 가정에서 그림책 질문수업을 할 때

그림책 질문수업을 하다 보면 "집에서도 이 수업을 해 보고 싶다"는 이야기를 많이 듣는다.

가정에서 그림책 질문 대화를 할 때는 우선 그림책 고르기부터 시작한다. 아이와 함께 서점에 가 아이가 고른 그림책을 구입한다.

---

2 개인별 질문 칭찬은 『그 아이만의 단 한 사람』(권영애 지음, 아름다운 사람들, 2016)에 소개된 '마음을 올리는 사방 칭찬' 중 '질문 칭찬'법을 응용하였다.

아이가 고른 그림책을 추천하는 이유는 "왜 이 그림책을 골랐니?" 하고 묻는 것에서 대화가 시작될 수 있기 때문이다. 그림책 표지의 캐릭터가 귀여워서, 색깔이 예뻐서, 뭔가 재미있어 보여서 등 아이들은 나름의 이유를 이야기한다. 이미 그림책에 흥미를 가진 상태에서 대화를 시작하기 때문에 책 읽기도 수월하다.

그림책을 읽을 때는 눈으로 읽는 방식보다 소리 내서 읽는 방식을 추천한다. 그림책의 텍스트는 특유의 운율이 살아 있는 경우가 많다. 소리 내서 읽으면 그 운율을 느낄 수 있다.

또한 그림책을 읽을 때는 글만 읽는 것이 아니라 그림도 같이 읽는다. "이 그림에서 궁금한 것이나 인상 깊은 것이 있니?"라고 물으면 아이들은 곧잘 대답을 한다. 아이가 대답 대신 질문을 하면 부모님은 '네 생각은 어떠니?'라고 질문을 아이에게 되돌려 준다. 어른이 먼저 대답을 하면 아이가 눈치를 보며 어른이 제시하는 방향으로만 대답하려는 경우가 생길 수 있기 때문이다. 아이가 자신의 생각을 말하면 칭찬을 아끼지 않는다.

그림책 한 권을 다 읽은 후에는 그림책을 나타낼 수 있는 단어들은 무엇이 있는지 말해 보고, 칠판이나 노트에 써 보면 좋다. B4 사이즈 정도의 화이트보드를 이용하면 쉽게 쓰고 쉽게 지울 수 있으며 글씨도 크게 쓸 수 있어 아이가 재미있어한다. 적힌 단어 중 가장 중요하다고 생각하는 단어를 골라 「단어 팝콘 오디션」 기법으로 질문을 만들고 대답해 본다. 질문을 많이 만들라고 하면 부담을 느낄 수 있으니 한 개만 만들어도 된다고 하여 아이의 부담을 줄여 주자.

한 권 전체를 읽고 질문을 만들기 어려워하는 초등 1~2학년은 한 장면으로 질문을 만들고 대답해 보는 「그림에 말 걸기」 기법을 추천한다. 가정에서 질문수업을 한 뒤에는 꼭 칭찬을 하며 아이가 다음에 또 그림책 질문 대화를 하고 싶어 하도록 돕는다. 칭찬하는 법에서 소개된 두 번째 방법인 자기 칭찬과 짝 칭찬 방법을 응용하면 좋다. 대화가 끝난 후 자신이 잘한 점이 무엇인지 칭찬 단어 목록을 참고해 단어를 고른다. 스스로 단어를 두세 개 뽑고, 수업을 같이 한 부모님이나 형제자매에게도 자신을 칭찬하는 단어 두세 개를 받는다. 가정에서 활용하기 좋은 단어는 다음과 같다.

단어	대화 중 행동
경청	부모님이나 형제 자매의 질문과 대답을 귀 기울여 열심히 들었음.
끈기	대화의 처음부터 끝까지 딴짓을 하지 않고 꾸준히 참여함.
논리	질문을 만든 이유나 대답의 이유를 설득력 있게 잘 말함.
다양성	다양하게 질문을 만들어 냄.
분석	책 속에 나온 그림이나 글을 잘 분석하여 새로운 뜻을 찾거나 발견함.
비판적 사고력	책에 나온 생각을 그대로 받아들이는 것이 아니라 나만의 시선으로 생각하며 질문을 만들거나 대화를 했음.
소통	나만의 생각을 고집하지 않고 어른, 형제자매와 의견을 열심히 나눔.
예절	바른 자세로 질문 대화를 함.
존중	나와 다른 의견이나 생각도 비난하지 않고 잘 들어 주었음.
창의력	나만의 시선을 갖고 새롭거나 재밌는 질문을 만들거나 대답했음.

"책을 휘리릭 몇 분 만에 넘기던 아이가 질문을 만들며 책을 읽으니 어른이 못 보던 작은 그림까지 찾아내요."

"책을 읽고 뭐가 재미있냐고 물으면 그냥 다 재미있다던 아이가 이제 자기 생각을 잘 말해요."

그림책 질문수업은 독서와 대화의 방식을 바꿀 수 있는 가장 효과적인 방법이다. 함께 그림책 질문 대화를 나누며 아이의 생각을 듣고 성장을 확인하는 따뜻한 시간을 가져 보자.

찾아보기

그림책

- '생각하는 개구리' 시리즈(이와무라 카즈오 글·그림, 박지석 옮김, 진선아이, 2021) | 105, 109~110쪽
- '이게 정말~?' 시리즈(요시타케 신스케 글·그림, 고향옥 외 옮김, 주니어김영사) | 86~90쪽
- 『감기 걸린 물고기』(박정섭 글·그림, 사계절, 2016) | 62~63, 69쪽
- 『구름공항』(데이비드 위즈너 글·그림, 시공주니어, 2017) | 96~97, 99쪽
- 『기억의 풍선』(제시 올리베로스 글, 다나 울프카테 그림, 나린글 편집부 옮김, 나린글, 2019) | 170 178쪽
- 『나는 한때』(지우 글·그림, 반달, 2021) | 132~133, 137쪽
- 『낙서가 예술이 되는 50가지 상상』(세르주 블로크 글·그림, 김두리 옮김, 문학동네, 2017) | 96, 102~103쪽
- 『낙타 소년』(박혜선 글, 함주해 그림, 발견, 2021) | 191~192쪽
- 『낱말 공장 나라』(아녜스 드 레스트라드 글, 발레리아 도캄포 그림, 세용, 2009) | 42~44, 46쪽
- 『내 안에는 사자가 있어, 너는?』(가브리엘레 클리마 글, 자코모 아그넬로 모디카 그림, 유지연 옮김, 그린북, 2020) | 113, 115쪽
- 『내가 함께 있을게』(볼프 에를브루흐 글·그림, 김경연 옮김, 웅진주니어, 2007) | 5쪽
- 『너의 특별한 점』(이고은 그림, 이현정 글, 달달북스, 2021) | 25~26쪽
- 『노를 든 신부』(오소리 글·그림, 이야기꽃, 2019) | 113, 120~121쪽
- 『눈보라』(강경수 글·그림, 창비, 2021) | 56~57쪽
- 『때』(지우 글·그림, 달그림, 2019) | 132, 136~137쪽
- 『메두사 엄마』(키티 크라우더 글·그림, 김영미 옮김, 논장, 2018) | 140~142쪽
- 『방귀 혁명』(최윤혜 글·그림, 시공주니어, 2021) | 49~50쪽
- 『세 개의 잔』(토니 타운슬리·마크 세인트 저메인 글, 에이프릴 윌리 그림, 김경희 옮김, 살림어린이, 2012) | 181, 188~189쪽
- 『소년과 두더지와 여우와 말』(찰리 맥커시 글·그림, 이진경 옮김, 상상의힘, 2020) | 105~106쪽
- 『아 진짜』(권준성 글, 이장미 그림, 어린이아현, 2018) | 123~126쪽
- 『알사탕』(백희나 글·그림, 책읽는곰, 2017) | 30~31, 33쪽
- 『앵거게임』(조시온 글, 임미란 그림, 씨드북, 2020) | 123, 128~129, 131쪽

- 『여행 가는 날』(서영 글 · 그림, 위즈덤하우스, 2018) | 170~171 178쪽
- 『오늘 상회』(한라경 글, 김유진 그림, 노란상상, 2021) | 132, 137~139쪽
- 『우리가 손잡으면』(야우야요 글 · 그림, 월천상회, 2020) | 169쪽
- 『우정 그림책』(하이케 팔러 글, 발레리오 비달리 그림, 김서정 옮김, 사계절, 2021) | 150, 159~160쪽
- 『지구를 지키는 제로 웨이스트』(카린 발조 글, 로랑 오두앵 그림, 김하나 옮김, 빨간콩, 2021) | 191, 195쪽
- 『최고의 차』(다비드 칼리 글, 세바스티앙 무랭 그림, 바람숲아이 옮김, 봄개울, 2019) | 181~185, 187~188, 205쪽
- 『친구의 전설』(이지은 글 · 그림, 웅진주니어, 2021) | 71~72, 74쪽
- 『커다란 질문』(볼프 에를브루흐 글 · 그림, 김하연 옮김, 베틀북, 2004) | 86, 93쪽
- 『커다란 포옹』(제롬 뤼예 글 · 그림, 명혜권 옮김, 달그림, 2019) | 140, 146~147쪽
- 『코끼리』(앤서니 브라운 글 · 그림, 하빈영 옮김, 현북스, 2015) | 169쪽
- 『토끼와 거북이』(옛이야기) | 15~17, 54쪽
- 『틀려도 괜찮아』(마키타 신지 글, 하세가와 토모코 그림, 토토북, 2006) | 77, 79쪽
- 『파란 공이 나타났다』(스티브 앤터니 글 · 그림, 김세실 옮김, 을파소, 2020) | 169쪽
- 『풀밭 뺏기 전쟁』(바두르 오스카르손 글 · 그림, 권루시안 옮김, 진선아이, 2020) | 161~163쪽
- 『핑!』(아니 가스디요 글 · 그림, 박소연 옮김, 달리, 2020) | 150~153쪽
- 『하브루타 질문 놀이』(이진숙 지음, 경향BP, 2017) | 27쪽
- 『할머니가 물려주신 요리책』(김숙년 이야기, 김익선 글, 김효순 그림, 장영, 2013) | 191, 197~198쪽
- 『흥부 놀부』(옛이야기) | 200쪽
- The big book 시리즈(보림) | 58쪽

참고한 책

- 『글자로만 생각하는 사람 이미지로 창조하는 사람』(토머스 웨스트 지음, 김성훈 옮김, 지식갤러리, 2011) | 7쪽
- 『부모라면 유대인처럼 하브루타로 교육하라』(전성수, 위즈덤하우스, 2012) | 35쪽
- 『우리 각자의 미술관』(최혜진, 휴머니스트, 2020) | 65쪽
- 『자존감, 효능감을 만드는 버츄 프로젝트 수업』(권영애, 아름다운 사람들, 2018) | 65쪽
- 『질문이 살아있는 수업』(김현섭, 수업디자인연구소, 2015) | 48쪽
- 『World Wide Agora』(Aharon Liebersohn 지음, Lulu Press, Inc. 2009) | 25쪽

하브루타를 활용한 대화법으로
문해력을 키우는

그림책 질문수업

1판 1쇄 발행 2022년 1월 12일
1판 5쇄 발행 2024년 10월 22일

지은이 이한샘
펴낸이 한기호
책임편집 박혜리
편집 서정원, 송원빈, 이선진
본부장 여문주
마케팅 윤병일, 하미영
경영지원 김윤아
디자인 VUE
인쇄 예림인쇄
펴낸곳 (주)학교도서관저널
출판등록 제2009-000231호(2009년 10월 15일)
주소 04029 서울시 마포구 동교로 12안길 14(서교동) 삼성빌딩 A동 3층
전화 02-322-9677
팩스 02-6918-0818
전자우편 slj9677@gmail.com
홈페이지 www.slj.co.kr

ISBN 978-89-6915-121-6 (03370)

ⓒ 이한샘, 2022

- 이 책은 저작권법에 따라 보호를 받는 저작물이므로 무단 전재와 무단 복제를 금합니다.
- 책값은 뒤표지에 있습니다.